不動産格差

長嶋 修

日経プレミアシリーズ

はじめに

本書は「不動産市場の未来予測本」です。ひと通りお読みいただければ、「いま、不動産市場で何が起きているのか」「不動産市場がどうなるのか」そして「どうすればよいか」がわかります。

価値を保てる不動産から、価値ゼロどころかマイナス価値の不動産まで。本書のタイトル「不動産格差」はすでに各所で顕在化していますが、これから時間の経過とともに、さらに強烈なコントラストを描きながら格差がますます開き続けるのは、「すでに決まった未来」です。

２０１７年の地価公示では、東京23区の最高価格は５０５０万円と、90年代バブル期のピーク３８５０万円を30％以上も上回っています。一方、大阪市の最高価格は１４００万円と、バブル期の３５００万円に対していまだ40％程度の水準に過ぎません。札幌市、仙台市、広島市、福岡市などは上昇したものの、水戸市、新潟市、宮崎市など前年比マイナスのところもあります。

また住宅地の下落率トップは、千葉県柏市のとある分譲地でした。柏市といえば都心部から30〜40キロ圏内にあり、この分譲地は80年代に一気に人口流入した典型的なベッドタウン。バス便であることなどから敬遠され、若年層の流入がないことから年率8・5%のマイナスとなっており、このままでは下落の一途。買い手がつかなければスラム化の恐れがあります。都市郊外にはこうした「大幅下落予備軍」とも呼べる住宅地が無数に存在しているのです。

不動産の価格は「需要」と「供給」で決まります。日本はこれから本格的な人口減少、少子化・高齢化社会に突入するのですから、それに伴い不動産価格が下がるのは必然です。2040年の住宅価格は46%下落するというシミュレーションもあります（2010年比）。

供給を無視した新築住宅建設は続き、相続増税対策のアパート建設も止まりません。すでに全国の空き家数は1000万戸を突破しているものとみられ、2033年の空き家数は2000万戸を突破、空き家率は30%を超えるという予測もあります。空き家が増えれば街は荒廃、犯罪の温床になったり、建物が崩れて危険です。何より、上下水道などのインフラ修繕、ゴミ収集や除雪などの行政サービスが非効率極まりありません。周辺地価はますます下落し、自治体の主要財源である固定資産税収入も減少、自治体経営が危うくなるでしょう。

しかし、すべての地点がこうなるわけではありません。あるところは人口密度を保ちながら価値維持ないしは上昇、あるところは下落基調継続、あるところは無価値またはマイナス価値というように、都市間はもちろん、同じ自治体の中であっても格差が広がり始めるのがこれからの特徴です。こうした文脈の中で、私たちは不動産とどのように付き合っていけばよいのでしょうか。

本書は『これから3年　不動産とどう付き合うか』（2014年、日本経済新聞出版社）を、最新市場動向を踏まえて大幅改訂したものです。序章では不動産市場の現状と展望を概観します。第1章ではとりわけ住宅地のバブルがどうして崩壊するのかを見ていき、第2章では、はたしてどこに住むのがいいかを考えます。第3章では、住宅評価に革命的な見直しが起きる動きを説明、第4章、第5章では、マンション、一戸建ての選び方を、第6章では中古住宅の見極め方や扱い方について説明します。

本書が、あなたと不動産との関係をより幸せに結べるよう、何らかのお役に立てば幸いです。

目次

第1章

2022年、住宅地バブルの崩壊

29

「マイナス価格取引」も
2050年に日本の人口は3300万人減少
世界でも住宅価格が大きく上昇するのはフィリピンのみ
2030年に3割が空き家に
空き家増加の原因は「新築のつくり過ぎ」
「日本人の持ち家信仰」は高度成長期以降
「住宅すごろく」の終わり
生産緑地制度の期限到来
住宅用地が一気に放出も

第2章

「どこに住むか」が明暗をわける

第3章

住宅の評価に革命が起きる

77

第4章

マンションは「駅7分以内」しか買うな

大手による供給調整が進む
都心の中古マンションは今が底値圏か
「マンションは管理を買え」は本当か
居住者の高齢化で管理組合運営が困難に
うまくいっているところは少数派
管理組合の運営に第三者を介在させよう
マンションの防災力で二極化
9割のマンションは建て替えできない
新築マンションを買ったら「アフターサービスを有効活用」

第6章 中古住宅に賢く住む

第７章

空き家対策の基本は「直ちに売却」

全国で急増する空き家
すぐに売るべき「空き家」とは
「家族の思い出がある」から空き家放置？
［選択肢１］売却する
［選択肢２］貸す
［選択肢３］空き家のまま管理する
［選択肢４］そこに住む

序章

不動産の9割が下がっていく

不動産は三極化する

不動産は買い時なのか？　この質問に一言で答えるのは昨今、非常に難しくなりました。理由は大きく二つ。一つは、「世界の政治・経済情勢が非常に不透明であること」です。イギリスはEU離脱を決めました。アメリカでは保護主義的政策を打ち出す不動産王トランプ氏が大統領に就任、演説やソーシャルメディアで過激な発言を繰り返し、そのたびに金融マーケットは上へ下へと翻弄されています。トランプ政権に対する議会の対応も不透明なままです。

もう一つは「不動産市場の三極化」です。国内のほとんどの不動産価格は下がり続け、価値ゼロないしはマイナス価値に向かう物件が出てくる中で、一部の不動産には上昇の余地が残されています。

その内訳はざっと、

「価値維持あるいは上昇する　10〜15％」
「徐々に価値を下げ続ける　70％」

「無価値あるいはマイナス価値に向かう　15～20％」

といった具合です。

このことは、どのタイミングで、どんな場所に、どのような不動産を買うかで、天地ほどの格差が生まれることを意味します。資産化する「富動産」からマイナス資産となる「負動産」まで、「勝ち組不動産」と「負け組不動産」がはっきりする時代が到来したのです。

まずは２０１２年、民主党から自民党への政権交代後の不動産市場を振り返ってみましょう。

民主党政権のデフレ政策ともいえるような政権運営、また東日本大震災といった不幸も重なって、停滞していた日経平均株価は、「大胆な金融政策」「機動的な財政政策」「民間投資を喚起する成長戦略」の「三本の矢」を政権運営の柱に掲げる自民党への政権交代で、その局面が大きく転換しました。

「アベノミクス」による資産インフレ期待に加え、リーマン・ショック後一定の回復を果たしてきた他先進国に比べ、割安感もあって、８０００円台だった株価は13年12月末、１万６２９１円（終値）へと急浮上しました。

日経平均と連動する東京都心の中古マンション価格

東京都心部の中古マンション価格動向は、日経平均株価と見事に連動しています（図表1）。12年の政権交代以降のグラフを見れば、都心3区（中央区・港区・千代田区）の中古マンション価格は株価と軌を一にするように、一気に停滞から右肩上がりへ反転していることがわかります。

そして15年9月、2回目のいわゆる「チャイナショック」により、株価の潮目に変化が生じたのと同様に、都心中古マンション価格も頭打ちとなり、新規売り出し物件の増加に反して、成約数、成約価格ともに停滞感が出ました。

この時点で株価と都心中古マンション価格との乖離が生じ、マンション価格も停滞から下落へ転じるのかと思われたところ、「トランプ相場」が始まりました。

株価は1万7000円～1万8000円のボックス圏を突き抜けました。株価が1万9000円台なら現在の中古マンション価格は理解できる水準であり、株価が2万2000円、2万3000円のテクニカルラインに乗るようなら、都心中古マンション価格は上振れ

図表1　日経平均株価と都心3区中古マンション成約単価の比較

（出所）東日本不動産流通機構／東京証券取引所

する余地が出てきます。

ところで、なぜ日経平均と都心マンション価格は連動するのでしょうか。その理由は「株高によって景気見通しに対する安心感が醸成される」「株を保有している親が、利益を確定して子供にマンション購入資金を贈与しやすくなる」「株の売却によって頭金を捻出できる」など、さまざまあります。

都心3区中古マンション価格を占うには、株価動向に加え、成約単価、このところ積み上がってきた在庫数の推移を見ていればいいでしょう。レインズ（ＲＥＩＮＳ、東日本不動産流通機構）はこうしたデータを毎月公表しています（http://www.reins.or.jp/）。

株価の動きはまず、都心の中古マンション、そして外側の地域へ波及していきます。東京については、まず都心3区→5区→城南地区→城西地区→城東・城北地区といった流れになります。

首都圏ならば、東京→神奈川→埼玉→千葉の順で波及します。どちらも「の」の字を描くような時計回りです。名古屋・大阪をはじめ、地方都市への波及は1、2年程度後になります。

一方、新築マンションは用地仕入れから販売活動までにタイムラグがあることや、中古マンションのような価格調整を適宜行わないこともあり、中古マンションほど敏感ではありません。

12年の政権交代以降は首都圏の新築マンション市場も好調を取り戻し、中古マンションより早いペースで価格、契約率の上昇が始まりました。

価格上昇の大きな要因にはマンション用地の上昇に加え、RC（鉄筋コンクリート）造の建築コスト上昇（13年前半、18万円／平方メートル前後→16年11月、23・2万円／平方メートルへ28％上昇）があります。13年中頃の4600万円程度から15年11月の6328万円へと40％近く上昇しました。

しかし、こうしたトレンドも15年中盤には息切れし、16年に入ると一段と低迷します。不動産経済研究所（東京・新宿区）によれば、16年の首都圏新築マンション発売戸数は３万５７７２戸と、前年比４６７７戸（11・６％）の減少。ピークだった９万５６３５戸（２０００年）の40％以下の水準まで落ち込み、契約できたのは２万９８７３戸と、３万戸を下回る結果となりました。

平均成約価格は15年11月の６３２８万円をピークに下落基調で、16年12月は５０７８万円、契約率はほとんどの月で、好不調の目安とされる70％を切りました（図表２）。一部物件では水面下における価格交渉、つまり値下げ販売も行われています。

こうした不調の原因は、リーマン・ショック前のピークだった07年（４６９１万円）を大きく上回っている「価格」とみられます。地価上昇と資材、人件費の高騰に伴う建築コストを吸収しながら価格上昇を続けてきた新築マンション市場は、完全に潮目が変わりました。

とはいえ、現在の新築マンション市場は、事業体力のある大手マンションデベロッパーの寡占が進み、ただちに投げ売りや大々的な値引き販売を行うことはないでしょう。リーマン・

図表2　新築マンション価格の推移
（平均成約価格、首都圏・近畿圏、2014年1月〜2017年1月）

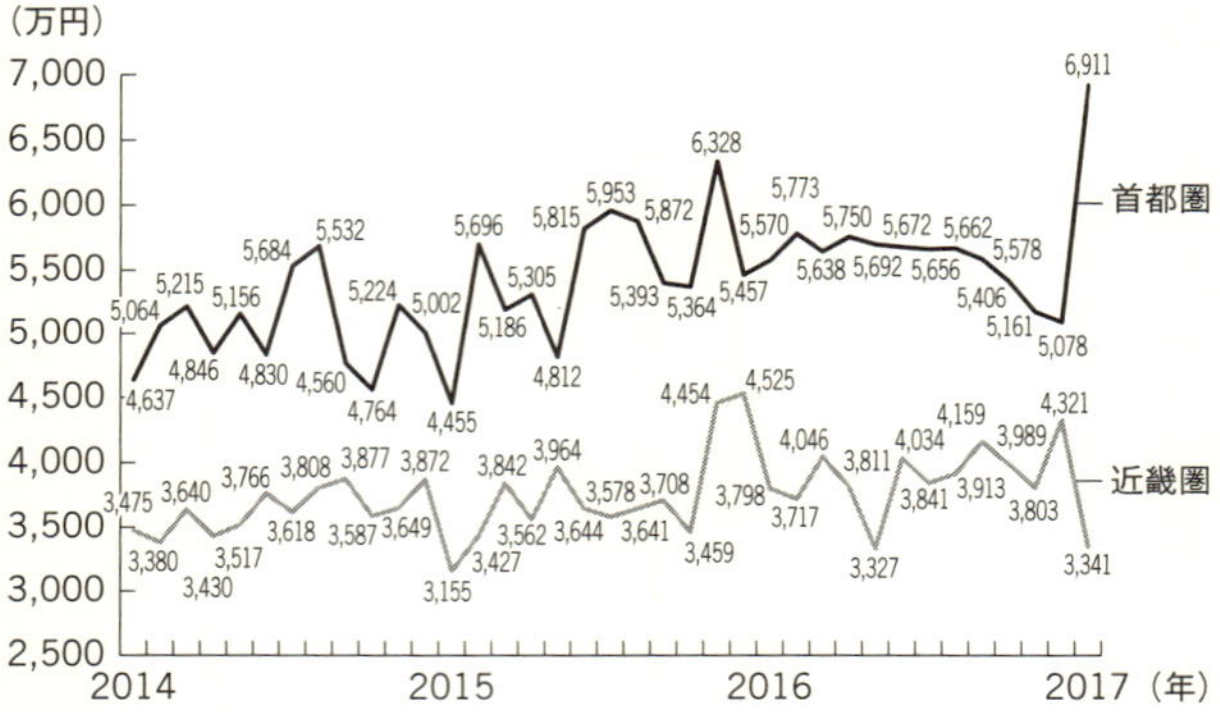

（出所）不動産経済研究所

図表3　首都圏中古マンション単価（1㎡当たり）の推移

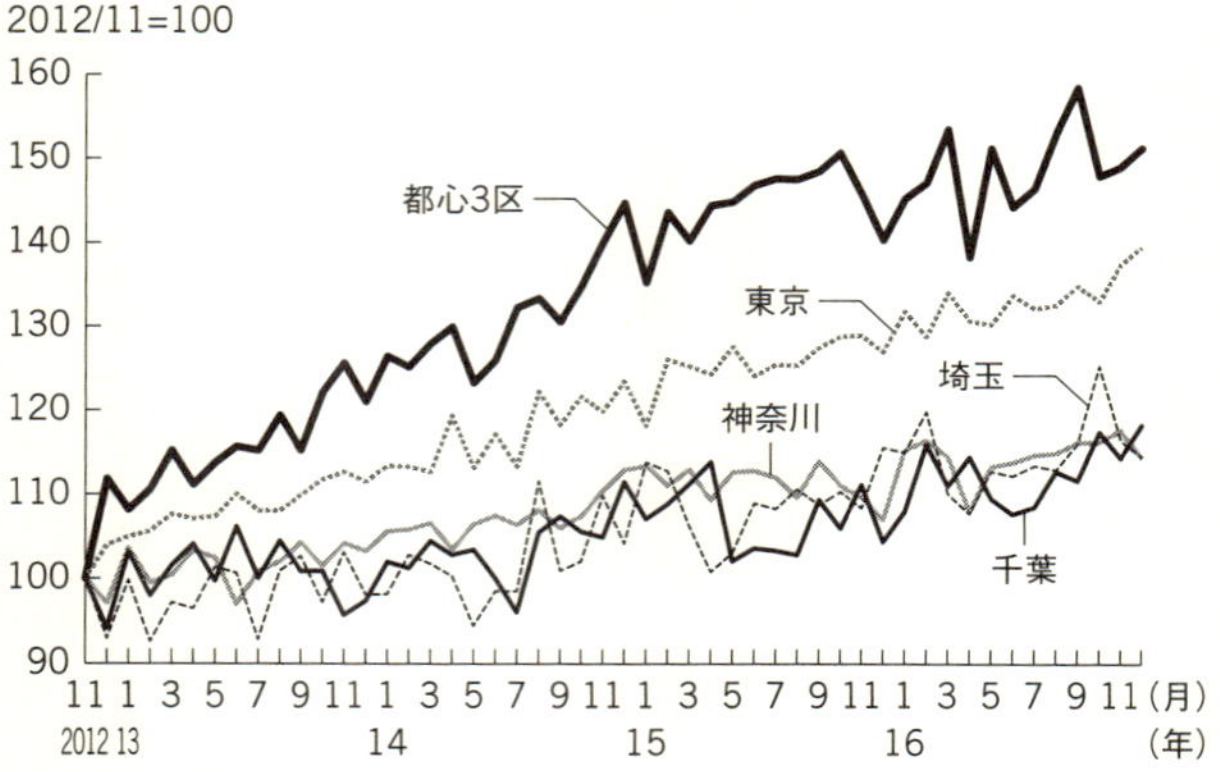

（出所）東日本不動産流通機構

図表4　不動産価格指数（住宅／南関東）の推移

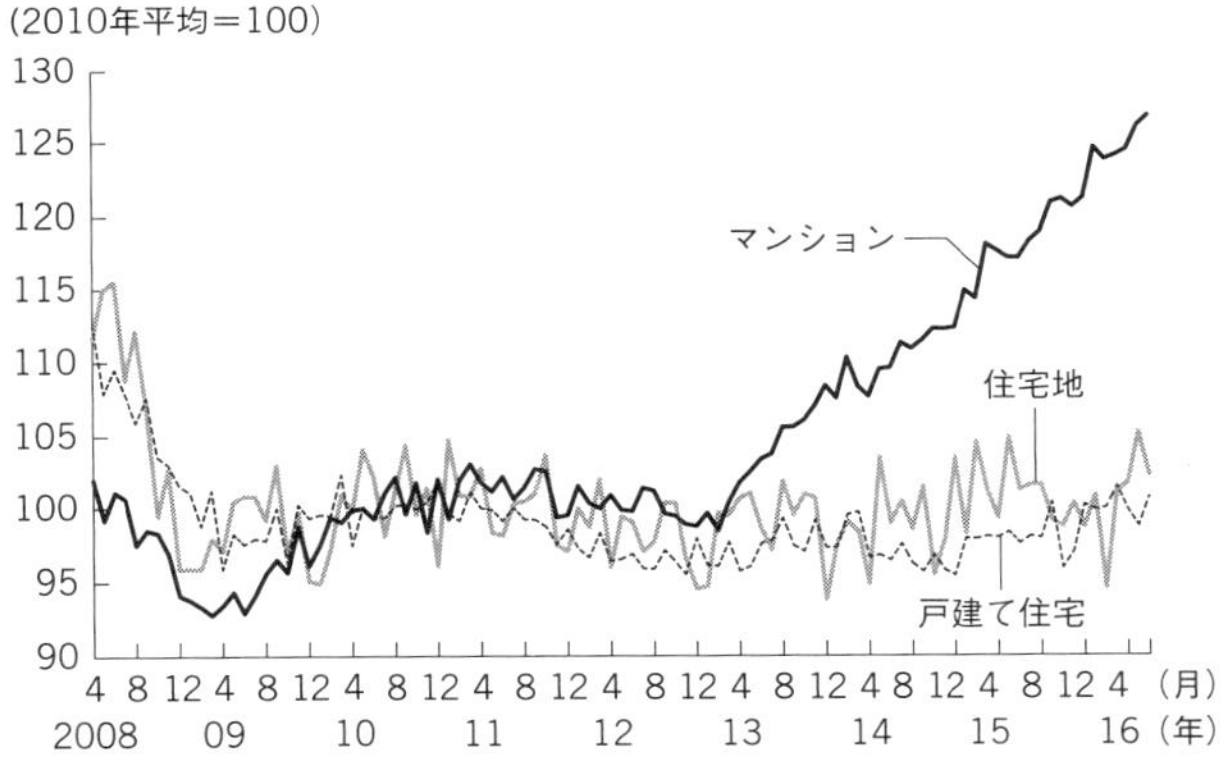

（出所）国土交通省

ショック時のような市場のクラッシュは起きず、しばらくはやや下落しながら小康状態を保つといったところです。一部では「バブルか」とささやかれた新築マンション市場は、決してバブルと言えませんし、崩壊する懸念もほぼないとみていいでしょう。

ところで12年の政権交代以降、不動産価格の「すべて」が上昇したわけではありません。

上昇トレンドに乗って大きな恩恵を受けた不動産は極めて限定的でした。東京都心部なら前述の通り、中央・千代田・港区の都心3区に新宿・渋谷区を加えた5区くらいまでは50％程度上昇しましたが、東京全体ではプラス40％程度、神奈川・埼玉・千葉に至ってはせいぜい20％程度の上昇です（図表3）。

さらに南関東圏（東京・埼玉・神奈川・千葉）で価格を上げたのはマンションのみで、一戸建てや一戸建て用の土地は、横ばいないしは下落トレンドにありました（図表4）。東京以外の都市部、地方では、価格が上昇した一戸建ては中心部のみ、あるいは、特別なニーズをつかむことができたほんの一部の物件でした。ただし新築マンションに比べて相対的に割安感のある新築一戸建てには、16年後半以降「見直し買い」の動きが見られます。

２０２０年東京五輪後の不動産は？

「トーキョー！」２０１３年9月、２０２０年のオリンピック・パラリンピック開催が東京に決まった瞬間から、住宅市場の空気は一変しました。

「とりあえずオリンピックまで不動産価格は上がりそう。でもその地域はオリンピック開催の東京湾岸地区・都心部を中心に限定的だろう。地方都市には多少波及するかもしれない。オリンピック後は需給悪化懸念もあるため、もう少し様子を見ないとわからない」

アベノミクスとオリンピックによって不動産価格がどうなるのかについて、当時はこのような見方がおよその業界コンセンサスであり、世間一般の見方とあまり変わりませんでした。

東京オリンピックは不動産市場にどの程度の影響を与えるのでしょうか？　オリンピックの経済波及効果予測は、都による「３兆円」から、大和証券による「１５０兆円」までさまざまです。晴海に建設予定の選手村は1万７０００人規模、大会終了後は首都圏最大級の住宅プロジェクトとして高層マンション街に生まれ変わる予定です。

98年の長野オリンピックの際に造られた選手村はオリンピック後、１００戸程度のマンションとして売りに出されました。５０００人以上の来場者に対し、１次募集時点は36戸、２次募集で値下げしましたが、販売数は全部で85戸と、完売できず苦戦しました。

しかし、今回はなんといっても東京都心部が舞台です。五輪を見据え、選手村周辺の江東区・豊洲などの地域で大規模なマンション再開発プロジェクトが進行しています。現在把握できるだけでも1万戸以上と目白押しです。一時的な供給過剰の懸念もあるものの、関係者は「交通網インフラや商業施設の整備が進めば街の魅力が高まる」と強気です。

東京・中央区は、オリンピック開催が決まる7カ月前、10年後に中央区の人口が16%増加し、14万９２００人に達するという報告書をまとめました。その報告書では幼稚園や小学校の増改築が必要としていましたが、増改築どころか新設まで含め、再検討を余儀なくされています。

当然、交通網の整備も加速させなければなりません。例えば鉄道です。現在の大江戸線、ゆりかもめ、りんかい線、バス路線だけでは輸送力に限界があるのは明らかで、バス高速輸送システム（ＢＲＴ）や路面電車（ＬＲＴ）などが検討されています。

オリンピックが決定する以前は、有楽町—晴海間の新鉄道が検討されていました。東京駅から豊洲・有明・台場方面まで延伸する話も出ています。

１９６４年東京オリンピックの選手村は、米軍居住地域だった「ワシントンハウス」跡地の渋谷区代々木に建設されました。オリンピック以前はぱっとしない工場街でしたが、オリンピック後は高級住宅地に様変わり、周囲には表参道や原宿などの商業集積地が誕生しました。２０２０年オリンピックの選手村に予定されている晴海は、国が新成長戦略として進める総合特区制度のエリアにも位置づけられており、柔軟な街づくりが可能になります。

経済成長を伴わない不動産上昇には限界がある

交通網の整備は都心部全体に広がっていくでしょう。成田空港―羽田空港間の移動は92分から50分台に短縮されます。押上―泉岳寺間の新路線、東急・京急蒲田駅間を結ぶ「蒲蒲線」、環状8号線の下を走る「エイトライナー」などの構想もあります。

鉄道といえば、２０２０年に山手線の田町・品川間に設置予定の新駅は、高層の商業施設やオフィスビルからなる、東京ドーム15個分の開発を促します。

道路については「首都高速中央環状線」が２０１５年に全線開通、６割程度の完成割合である「東京外かく環状道路」、「首都圏中央連絡自動車道」といった３つの環状道路などは、２０２０年までに９割の完成を目指すことになっています。

こうしたインフラ整備が進んでいけば、東京の利便性は確実に増し、それを見込んだ住宅供給が加速します。住宅ができれば生活に必要な飲食や日用品などの商業施設も増え、さらに利便性に磨きをかけることになります。

こうしたインフラ投資が行われる一部地域を除き、不動産市場にもたらす恩恵は、限りなく限定的だと思います。昨今は業界関係者の多くが醒めた見方をしています。

はっきり言えることは、今後の不動産価格の上昇は、日本経済の成長や給与所得の上昇を伴うのならば健全ですが、そうでない場合、その分はバブルになります。その後間違いなく下落し、国の借金と供給過剰の住宅が残り、状況はさらに悪化する懸念があります。

第1章

2022年、住宅地バブルの崩壊

「マイナス価格取引」も

序章で触れたようにアベノミクスによって大きな恩恵を受けた不動産は、ほんの一握りでした。では、なぜそうなるのか。理由は「マネーの一極集中」にあります。

都心や都市部の超一等地はオフィスが林立し、不動産投資信託（ＲＥＩＴ）やファンドのマネーが流入しています。日銀は年間９００億円のペースでＲＥＩＴを定期的に買い上げています。15年には相続税の増税がスタートしましたが、取引価格よりも相続税評価額が低くなるタワーマンションを目指してマネーが流入しました。

国税庁はこうした「タワマン節税」に監視の目を強めています。政府・与党も税制の歪みを一定程度是正する方針ですが、是正の程度は小幅であり、タワマン節税の相対的な優位性は大きく変わらないでしょう。

また、為替が円安傾向にあることも、海外マネーを都心に招来する要因となり、不動産市場にはプラスです。中国当局は資金の海外流出に対する監視を強めており、かつてのような勢いで不動産の「爆買い」が起きる可能性は低いですが、それでも一定の海外資金流入は今後も見込めるでしょう。

一方で、それ以外の不動産は残念ながら今回の上昇サイクルの恩恵を全く受けないどころか、むしろジリジリと下落を続けています。価値ゼロどころか、売り出しても買い手がつかず、売り主が１００万円単位の解体費を負担するといった、事実上の「マイナス価格取引」すら見られます。交渉の過程でこのように決まったようですが、もし物件広告に「マイナス１５０万」と書かれていたらびっくりします。

「不動産はどんなものでも持っていれば資産」という時代は終わりました。さらに言うと、不動産はただ所有しているだけでは固定資産税や維持管理費がかかる「負債」です。所有する不動産をどのように活用できるのか、中身が問われる時代になりました。

例えば、高度経済成長期に造成された、都心から30～40キロ圏内にあるベッドタウン。当時の住宅ローンは7～10％もの高金利にもかかわらず、抽選会に出かけ、先を争うようにして買われました。当時は経済成長とともに不動産価格が上昇し続けていたため、「早くしないとどんどん価格が上がって買えなくなる」という焦燥感がありました。

しかし、それから40～50年が経過しました。建物は老朽化し、住民も年を重ねました。同時に少子化が進み、都心回帰的な人口動態もあって、郊外立地の一戸建てニーズは年々着実に減少しています。

こうした物件は、経済合理性だけを優先して考えた場合、少しでも早く売るべき「負け組不動産」です。今後、活用しにくい住宅の価値は下がる一方だからです。

60年代、70年代に「白亜の殿堂」と呼ばれ、庶民の憧れの的だった公団住宅も、現代のニーズに当てはめれば、駅から遠い、天井が低いなどいかにも時代遅れとなりました。建物をリノベーションするなどして、若年層を取り込む仕掛けがなければ、いつかスラム化します。

こうした問題は、東京23区も例外ではありません。足立区では空き家の増大によるスラム化を防ぐ目的で、解体費の補助を始めています。都心5区（中央・千代田・港・新宿・渋谷）であっても、老朽化したマンションにはスラム化予備軍が散見されます。

不動産は結局「利用されてナンボ」の世界です。立地や広さ等によってそれぞれ最もふさわしい利用法があるはずです。都心部・駅近であれば、高い容積率を目一杯使った背の高いオフィスビルやマンションで決まりですが、それ以外の立地の用途は千差万別です。

倉庫やトランクルームがふさわしいところ、店舗がふさわしいところ、太陽光パネルを一面に敷き詰めるのが効率のよいところなど、それぞれの不動産にふさわしい活用の仕方があります。もちろん、まったく利用できないケースもありえます。

それぞれの不動産が、現在はもちろん、将来的にどのような活用の仕方が想定できるのかを検討することがきわめて大切です。マイホームの場合は、長期的にマイホームとして活用可能な立地や建物かどうかという視点が大切です。

そして、もっと大事なことは、不動産を「資産として維持し続けること」です。これができるかできないかで、一般的な家計では、人生における金銭的な豊かさのほとんどが決まってしまいます。これについては後述します。

２０５０年に日本の人口は３３００万人減少

ご承知の通り、日本はこれから本格的な人口・世帯数減少、超高齢化社会に突入します。国の推計によれば、我が国の人口は04年のピーク人口１億２７８４万人から50年には約25％、３３００万人が減少し、９５１５万人になります。また２１００年には４７００万人

図表5　我が国の人口は長期的には急減する局面に

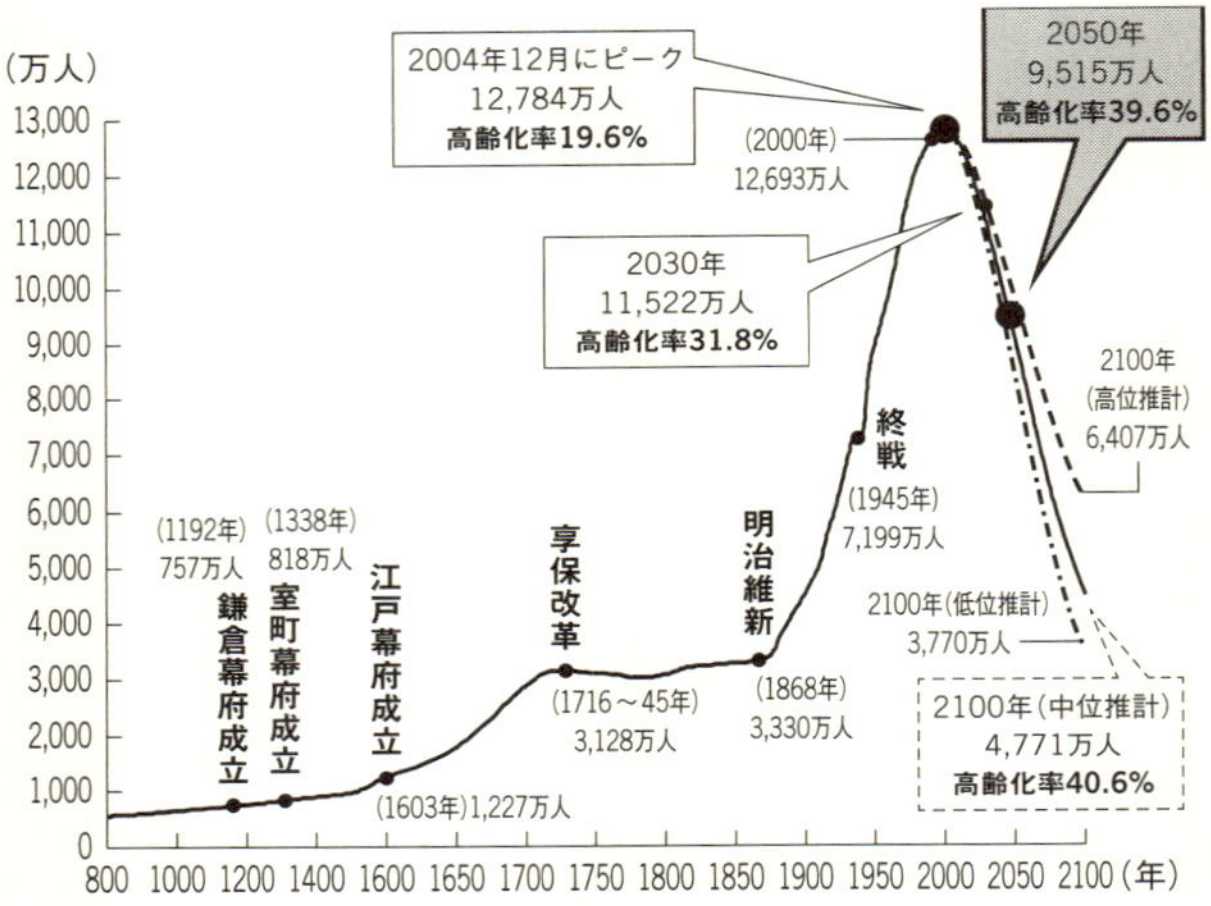

(出典) 総務省「国勢調査報告」、同「人口推計年報」、同「平成12年及び17年国勢調査結果による補間推計人口」、国立社会保障・人口問題研究所「日本の将来推計人口(平成18年12月推計)」、国土庁「日本列島における人口分布の長期時系列分析」(1974年) をもとに、国土交通省国土計画局作成
(出所)「国土の長期展望」中間とりまとめ

程度(中位推計)と、明治時代後半の水準にまで戻るとされています(図表5)。まさにジェットコースターが落ちるようなすさまじい減少に見舞われるわけです。こうした人口予測の精度は非常に高く、60年代に国連が世界の人口を予測し、40年経過した2000年時点での差異は0・09%しかありませんでした。

人口減少と同時に生じる「少子化・高齢化」も、住宅価格の大きな下落要素です。シンガポール国立大学・清水千弘教授

図表6　2040年の住宅価格（2010年比）

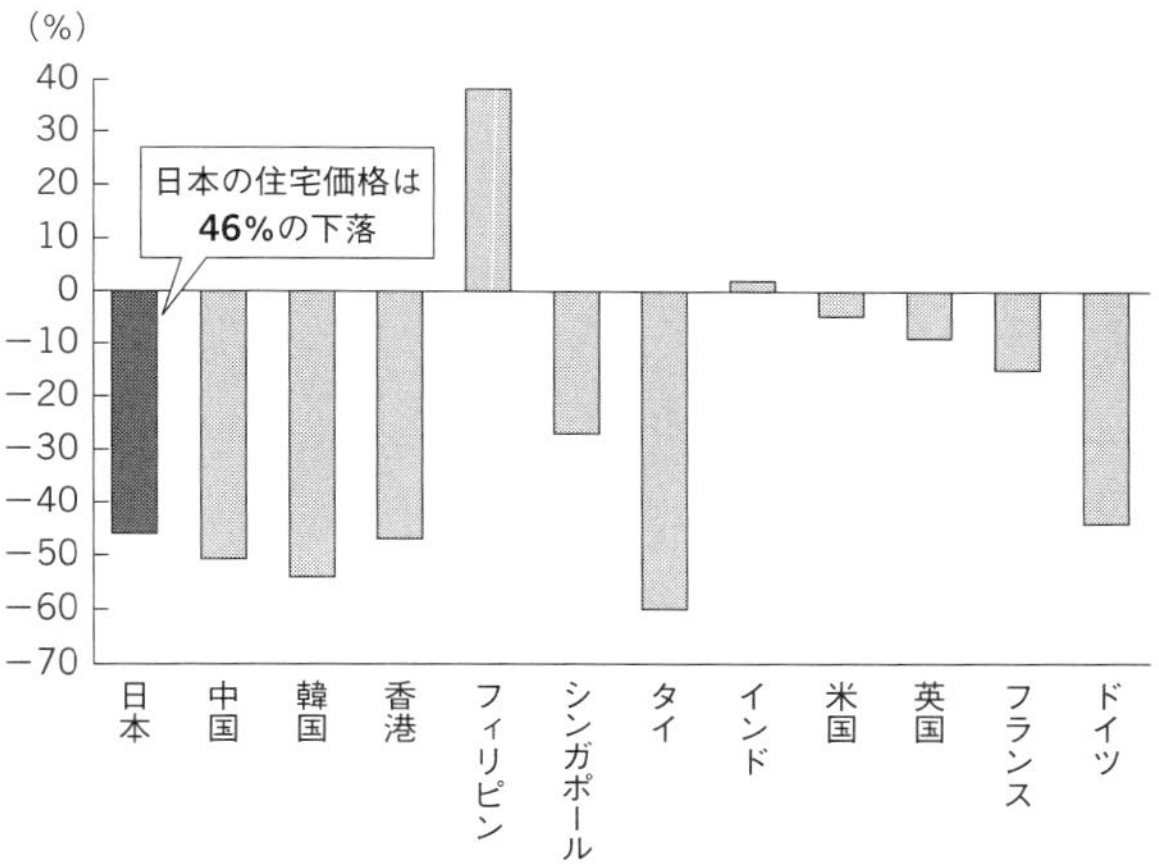

（出所）三浦・麗澤大学　清水千弘研究室「将来30年間において人口効果が住宅価格に与える影響度に関するシミュレーション分析」

らの研究によれば、日本の住宅価格は２０４０年には２０１０年比で46％下がるとしています。３０００万円の住宅が１６２０万円になってしまう計算です（図表６）。

こうなる理由にはいくつかの要因があります。最も大きいのは、総人口の減少と老齢人口依存比率の上昇です。つまり少子化・高齢化によって若年層の社会保障負担が増し、実質所得が減少することで、住宅を買ったり、借りたりする力が減退するからだそうです。

世界でも住宅価格が大きく上昇するのはフィリピンのみ

こうした現象は日本だけではありません。この予測ではフィリピンの住宅価格が大きく上昇、中国・韓国・タイの下落率は日本より大きく、香港・ドイツは日本と同程度でそれぞれマイナス47％・44％となります。

米国ハーバード大学のニコラス・グレゴリー・マンキュー教授らは、80年代後半、人口減少や高齢化の影響によって、「米国の住宅価格は今後約25年間で47％下落する」という研究結果を発表しました。しかし、米国は移民受け入れ策を採用するなどしてその通りにはなりませんでした。

清水教授らは、解決策として「労働力としての移民受け入れ」「定年および年金支給年齢引き上げ」「女性の社会進出促進」「出生率改善」の4点をあげていますが、どれもたやすくできることではありません。

本書巻頭の口絵1の日本地図をご覧ください。

青く塗られた地点は、2050年に人口が50％以上減少するところです。中には無居住化するところもあります。黄色の地点は0以上50％未満の減少。わずかに見える赤い地点が増加する地点です。

要は全国ほとんどの地点で人口が劇的に減少し、同時に高齢化が進みます。人口減少と高齢化は、地域の不動産価値を下げる大きな要因となります。これだけの人口減少が起こると、いくら安くしても売れない不動産がたくさん出てくるでしょう。今から30数年かけて、このトレンドが続いていきます。

これから住宅を購入しようという人は、35年のローンが終わるころには、日本の人口が3300万人以上減少すること、すなわち首都圏人口あるいはカナダ全土の人口がごそっといなくなること、さらには65歳以上の人口が全体の40％程度になるということを踏まえておく必要があります。

現在は、相当程度人口の集中が進み、都心部・都市部では実感がないのかもしれませんが、人口・世帯数が減少していく中で、国内不動産の価値が維持されることはあり得ません。都市部でも駅から遠い、生活利便性に欠けるなどの難点がある場合は難しくなります。

高度経済成長期に分譲された都市郊外のベッドタウンは、一部を除き大半が長期的に衰退していきます。こうした事態を踏まえ、国は「コンパクトシティ」の概念を打ち出し、「集まって住む」政策を推し進めようとしています。都心部や都市部、地方では特定の場所に人口集積を行い、その密度を維持し、高めようという政策です。

人口減少、少子高齢化新時代に向け、本格的な方針転換を進めている自治体がある一方で、構想段階の地域、全く検討されていない問題意識の低い地域が存在します。今後はどの地域にマイホームを買うべきなのか、よく見極める必要があります。この方向性については第2章で説明します。

日本では今後、相続の発生が加速度的に進みます。三井住友信託銀行のレポートによれば、今後20~25年の間に相続されるであろう家計金融資産額約650兆円のうち、家計資産の地域間移動――とりわけ地方から大都市圏への移動――が大量発生すると予測しています。

これは「地方に住む親と大都市圏に住む子供」という組み合わせが多いためです。その流出額は約120兆円と見込まれています。試算によれば金融資産移動が流入超過となるのは、首都圏（30・6兆円）と大阪圏（4・2兆円）だけです（図表7）。こうしたことによる地域格差の拡大も見逃せません。

図表7　地域別にみた相続発生に伴う家計金融資産残高の変化

	現在（兆円）	相続発生後（兆円）	変化率（%）
北海道	26.9	25.5	▲5.2
東北	38.4	32.8	▲14.8
北関東	38.7	34.2	▲11.7
東京圏	255.4	286.0	12.0
中部・北陸	70.8	63.1	▲10.9
中京圏	76.5	73.9	▲3.4
大阪圏	102.1	106.3	4.1
京阪周辺	24.0	22.2	▲7.2
中国	47.5	41.3	▲13.1
四国	23.9	19.5	▲18.6
九州・沖縄	61.8	55.3	▲10.5

（資料）総務省「国勢調査」、同「全国消費実態調査」、国立社会保障人口問題研究所「人口移動調査」より三井住友信託銀行調査部試算。
（出所）三井住友信託銀行　調査月報　相続で多発する家計資産の地域間移動

2030年に3割が空き家に

近年、いわゆる「空き家問題」が社会を賑わせています。2013年時点で日本の空き家は820万戸あり、空き家率は13・5%です。17年時点の空き家数は1000万戸を突破していると思われ、30年の空き家率は30%台に上るという予測もあります（図表8）。

さて、研究者の間では空き

家率が30%を超えれば、都市環境は悪化し、居住快適性が著しく低下することが知られています。空き家への侵入が増え、放火などの犯罪の温床になります。何より街が荒れてくると、暮らしている人々の心が荒みます。

かつてベルリンの壁が崩壊したとき、旧東ドイツの人々が旧西ドイツに大挙して押し寄せ、東ドイツでは空き家率30%、40%といった都市が続出、地域の荒廃が大きな社会問題となりました。

こうした事態を受け、15年5月、「空き家対策法」(空き家対策特別措置法)が全面施行されました。防犯、景観、衛生などの観点から危険や害があると判断されると、その家屋は「特定空き家」に認定されます。

「特定空き家」になると、行政は固定資産課税台帳を参照するなどして、所有者名義を特定できます。また、空き家への立ち入り調査も行えるほか、修繕や撤去を命令、さらに行政代執行で建物を解体、その費用を所有者に請求することができます。

同様に税制改正ではこうした空き家について固定資産税の軽減措置を見直す、つまり固定資産税を6倍に増税する見込みです。

図表8 総住宅数、空き家数及び空き家率の推移と予測

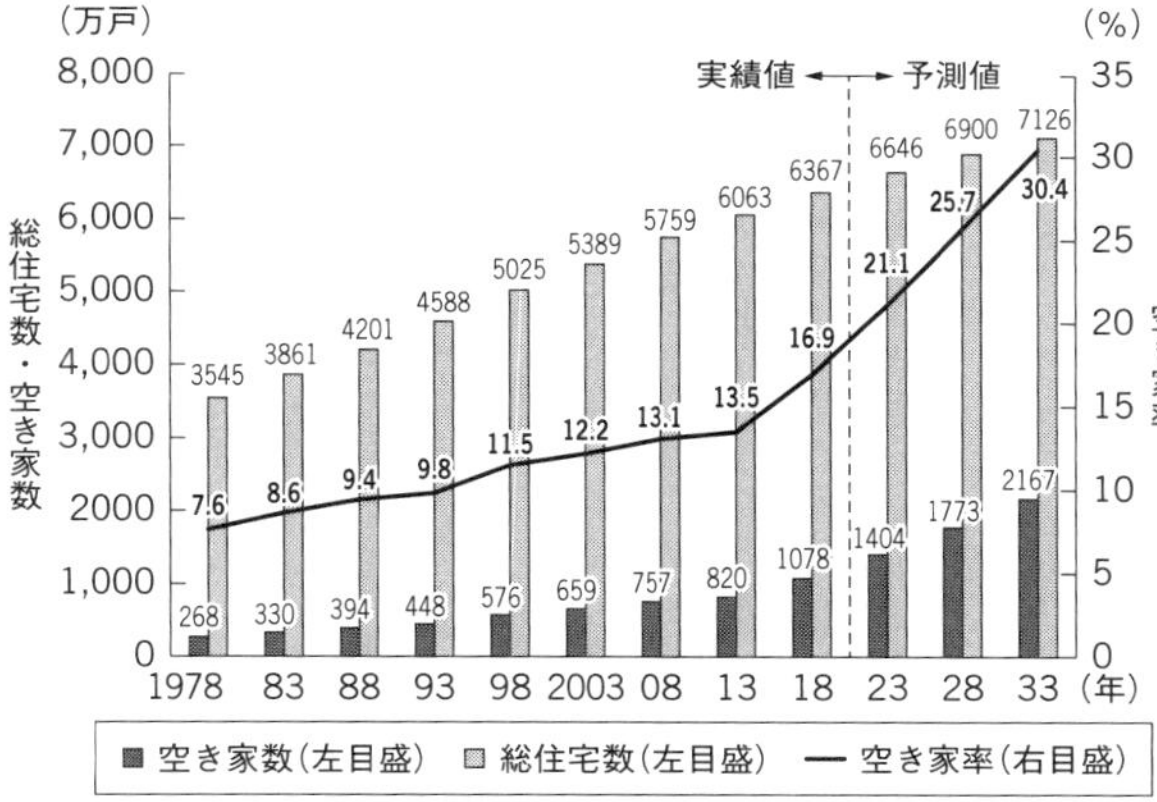

(注) 実績値：総務省「住宅・土地統計調査」予測値：野村総合研究所
(出所) 野村総合研究所

しかし、こうした一見ドラスティックにみえる方策も、効果のほどは限定的というのが大方の見解です。というのは、この法律は、さまざまな意味で危険とみなされた「特定空き家」にしか適用されないからです。

さらに、行政代執行によって空き家を壊したとしても、解体費を所有者から回収できるのかという問題があります。秋田県大仙市では、国の法施行に先駆けて独自に条例を定め、これまでに空き家を約６００万円分取り壊しましたが、回収できたのは3万円に過ぎませんでした。

こうなると、「特定空き家」は事実上

「税金を使って壊す」ということになり、自治体の財政を圧迫しかねません。

さらに今後、都市部で顕在化しそうなのが、「空き家マンション」の問題です。立地の良い一部マンションを除き、売買・賃貸などのニーズがないマンションは建物とともに所有者も高齢化、徐々に人がいなくなり、修繕積立金も貯まらず、スラム化する可能性があります。

空き家増加の原因は「新築のつくり過ぎ」

空き家が増加する根本的な原因は、世帯数でも人口減でもなく、「新築のつくり過ぎ」にあります。西欧の多くの国では、10年間の「住宅需要」「住宅建設見込み」を推計し、それを基に住宅政策を決定しています。２００３年から10年間の各国の世帯数当たり新築建設をみると、低いのがスウェーデンの５・６％、イギリス７・２％、イタリア８・３％。大半が10％以下を見込んでいます。

これに対し、日本にはこうした目安がありません。毎年90万戸程度の新築住宅を量産している日本に空き家が増大するのは自明です。適正な新築数はおそらく45万戸程度だと思います。イギリスと同じ７・２％なら年間着工は35・９万戸程度、イタリアと同じなら41・47万戸。10％にするなら49・９万戸程度が適正になります。モノの価格は「需給」で決まりますが、住宅も例外ではありません。

若年層の持ち家率の低下傾向も顕著です。２０１３年住宅・土地統計調査（総務省）によれば、日本の持ち家率は60％程度です。高いのは、スペインが約79％〈14年〉、イタリアが約73％〈14年〉、アメリカが64・５％〈14年〉。低い所でドイツが52・５％〈14年〉と、先進国の中で日本は真ん中あたりですが、昨今は若年層になるほど持ち率が低下しています（Wikipedia「List of countries by home ownership rate」より）。

この理由には非正規雇用率の増加、所得の低下、晩婚化などがありますが、以前と違ってきているのは、持ち家に対する「マインド」です。

今の若い人は、住宅を所有することについて、かつてのようなステータスを感じていません。ただでさえ少なくなる一方の住宅購入層が持ち家志向を持たなければ、不動産需要は大幅減となり、大きな価格下落圧力につながります。

「日本人の持ち家信仰」は高度成長期以降

「日本人には持ち家信仰がある」とよくいわれますが、それは嘘です。日本人の、とりわけ都市部の持ち家志向は、戦後の高度成長期に形作られたものに過ぎません。

戦前の東京の持ち家率は10%台、大阪は9%程度、都市部とされたところ全体で見ても20%強と言われています。もっとさかのぼれば江戸の頃はほとんどが借家でした。一方で地方の持ち家率は比較的高かったようです。

いずれにしても都市部における、過去から見れば特殊な価値観ともいえる持ち家信仰は、戦後の短期間に形成されたと考えたほうが自然です。

日本は、戦争で焼け野原になったあと、奇跡的ともいえる経済復興を遂げ、一気に先進国の仲間入りを果たしました。まずは「傾斜生産方式」。鉄鋼・石炭などに人・モノ・カネを投入するという政策で産業復興の糸口を見出しつつ、朝鮮戦争による経済特需を経て、1954年の鳩山内閣あたりから紆余曲折を経て20年ほど続く高度経済成長期に入りました。この頃は年平均10%で経済成長していました。まさに「モーレツ！」の時代。今となってはちょっと考えられません。

このプロセスの中で、地方から都市に出てくる労働力は「金の卵」と呼ばれ、引っ張りだこになりました。やがて、もともと都市部にいた人や地方出身者たちが住宅を購入するようになる頃に形成されたのが「持ち家信仰」です。

当時は住宅が全く足りず、「つくれば売れる」といった状態でした。とりわけ東京など都市部の住宅難は深刻で、国会では「もっと住宅を増やせ！　新築をつくれ！」と野党が叫んでいた時代です。

「住宅すごろく」の終わり

70年代には朝日新聞が「住宅すごろく」という言葉を編み出します。「最初は小さな中古マンション、次に中古一戸建てに移り、やがては郊外の新築一戸建てで上がり」といったストーリーです。地価がドンドン上昇し続けていたため、とにかくまずは小さな住宅を買い、その含み益を使って出世魚のように成り上がっていこうという話です。

また当時は、後年になるほど優良な住宅が供給されていたこともあって「新しいモノが美しい」時代でもありました。こうした文脈から「日本は新築文化だ」などと言われたりしますが、これも戦後の特殊な環境下で定着したかに見えた幻想です。

住宅難を解決するための住宅供給は、「庶民が新築住宅を買うことがそのまま経済発展に寄与する」という側面もありました。住宅が一つ売れると、建材や設備が売れ、職人さんに給料が入り、マネーが世の中を駆け巡ります。こうした経済波及効果について住宅はとくに効果が高いとされていました。

新築の住宅を作り続けることによって景気を浮揚させる政策が、なんとなく惰性的に続きました。この政策に頼って収益を上げてきた民間企業も甘え、新しいライフスタイルの提案に挑みませんでした。国も新しい社会のグランドデザインを提示することはありませんでした。

やがて85年のプラザ合意を契機としてバブルの発生と崩壊、その後長い停滞を経て現在に至ります。この間、日本には大きな社会の構造変化がありました。それは「人口減少」「少子化」「高齢化」です。

この「戦後日本持ち家システム」とも呼ぶべき仕組みは、いよいよ決定的な破綻を迎えつ

図表9　1都3県アパート系（木造、軽量鉄骨）の空室率推移

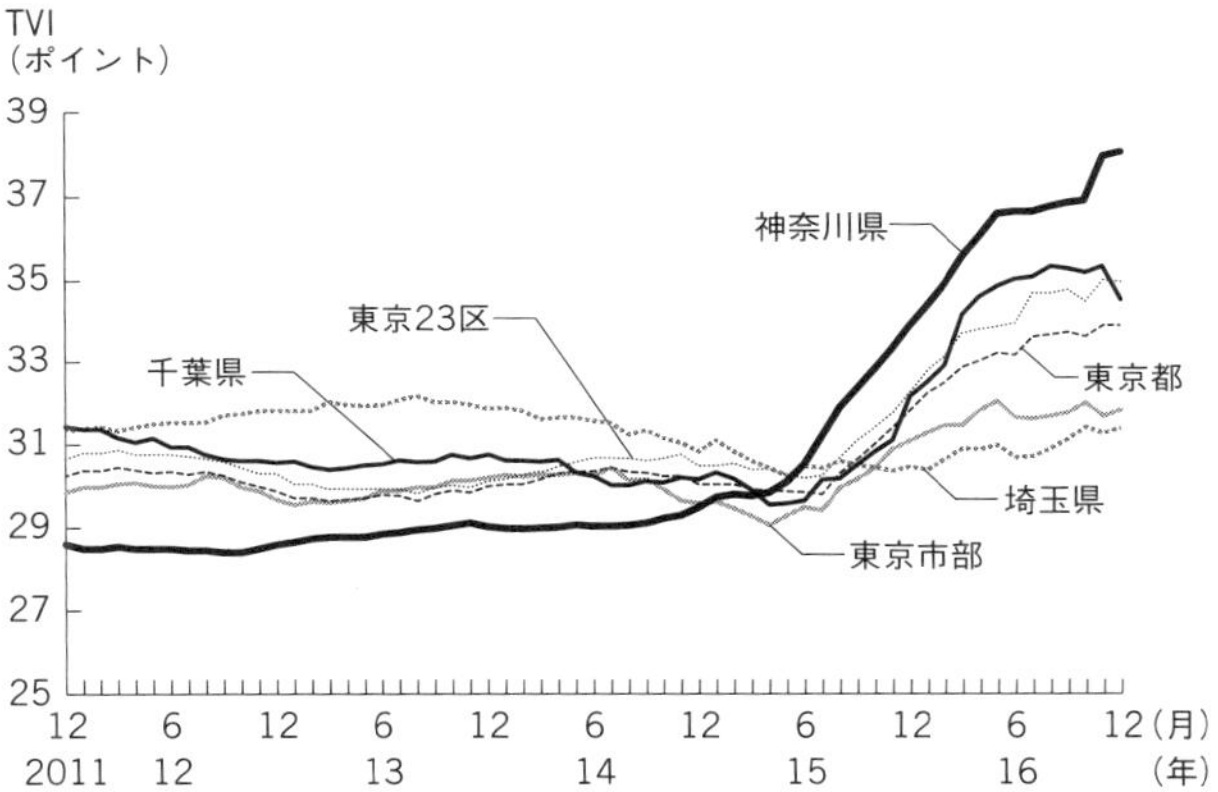

（注）TVI（タス空室率インデックス）は入居者募集戸数を入居者を募集している建物の総戸数で除したもの。
（出所）株式会社タス「賃貸住宅市場レポート」

つあり、「空き家」という具体的な形で、私たちの目前に現われています。

　不動産評価サイトを運営するタス（東京・中央区）の賃貸住宅市場レポート（17年1月版）によると、1都3県（東京、神奈川、埼玉、千葉）のアパート系（木造、軽量鉄骨）空室率ポイントは、15年春あたりから異常な伸びを示しています（図表9）。

　15年に相続増税が行われたことを受け、一定規模の土地にアパートなどの住宅を建てれば土地の評価額が大きく減額するため、節税対策としてアパート建設が行われた結果です。

こうした事態を受け、金融庁や日銀は急増するアパートローンに対し監視を強める姿勢ですが、今のところその効果は出ていません。

実際の需給とは関係なく、節税対策のために新築アパートが建設されると、周辺地域の空き家が増え、賃料水準が下がるといったデフレ効果を生じます。そして不動産価格はもちろん下落します。

ではたして、こうした中で不動産を購入してもよいのでしょうか。答えは「条件付きでＯＫ」です。先に述べたように日本の不動産は大きく三極化するという流れを読み取り、価値の落ちない、あるいは落ちづらい不動産を選択すればよいのです。こうした立地は東京都心部だけではなく、都市郊外部にも、地方にも見つけることができます。

生産緑地制度の期限到来

「２０２２年問題」をご存じでしょうか？

全国の市街地には96万戸、東京都には26万戸分もの住宅用地が眠っており、これらの多くが東京オリンピック後の２０２２年、一斉に市場放出される可能性があります。その土地に新築マンションや一戸建てが建設されれば、すでに全国で８２０万戸ある空き家が大幅に増大する可能性が高くなっています。これを住宅市場の「２０２２年問題」と呼びます。

１９７４年公布の生産緑地法では、市街化区域内の農地の宅地化を促す目的で、大都市圏の一部自治体で、農地の「宅地並み課税」が行われ、これにより都市近郊農地の大半が宅地化されることになりました。当時の住宅不足解消が目的でした。

一方で92年の同法改正では、一部自治体が指定した土地については、固定資産税が農地並みに軽減され、相続税の納税猶予が受けられる「生産緑地制度」が適用されました。この場合、生産緑地の所有者は建築物を建てるなどの行為が制限され、農地としての管理が求められました。生産緑地は原則として住宅が建設できる市街化区域内にあります。

生産緑地制度が適用されたのは、東京23区、首都圏・近畿圏・中部圏内の政令指定都市、その他整備法に規定する一部地域など。「２０１３年都市計画現況調査」（国土交通省）によれば、２０１３年３月時点の生産緑地は全国で１万３８５９ヘクタール（約４１９２万坪）、東京都に３３８８ヘクタール（１０２４万坪）、23区内には４５１ヘクタール（１３６万坪）存在します。

同法の適用は1992年で、期限は30年後の2022年です。この期限を迎えたとき、または所有者が病気などで農業に従事できなくなったり、死亡したりした場合、所有者は市区町村の農業委員会に土地の買い取り申請を行うことができます。

しかし、市区町村が買い取らなかったり、生産緑地として買う人がいない場合には、この生産緑地指定は解除されます。これまでの実績では、予算不足などの理由から自治体による買い取りの実績はほとんどありません。

そうなると固定資産税が跳ね上がるため、所有者は土地を維持できず、売りに出すしかなくなります。こうしたまとまった土地を仕入れるメインプレイヤーは、建売住宅建設業者、立地が良ければマンションデベロッパーになります。最も可能性が高いのは、固定資産税や相続税評価額が下がる思惑から、賃貸住宅の建設が進むことです。事実、多くのアパート建設会社は、2022年の生産緑地指定解除を絶好の商機として狙っています。

住宅用地が一気に放出も

前出の都市計画現況調査によると、過去5年間で生産緑地の減少は約595ヘクタール

（約１８０万坪）、マイナス４・11％程度です。高齢の所有者が多いため、今後5年間で減少はさらに加速しそうです。仮に８％程度の減少にとどまったとすると、２０２２年時点で、１万２７５０ヘクタール（３８５６万坪）、10％減としても１万２４７３ヘクタール（３７７０万坪）は残っており、これらの大半が一気に市場放出される可能性があります。

２０２２年以降、これらの土地に新築一戸建てが建設されるとします。土地開発の際には道路用地などにとられ、宅地としての有効面積は75％程度になります。ここに敷地面積30坪の新築一戸建てを建設する場合、全国の生産緑地には約96万戸、東京都に約26万戸、23区内には３万戸分の戸建てを建設することができます。マンションやアパートであれば、建設戸数は飛躍的に増大します（２０２２年までの生産緑地減少率８％の場合）。

２００３年、埼玉県羽生市が人口増大を目論んで、原則として住宅を建てられない「市街化調整区域」の農地に、住宅を建設できるよう条例を定めた結果、市街地からほど遠い立地に新築アパートが乱立しました。その結果、おびただしい数の空き家がうまれ、将来のインフラ維持費という形の負債を残すことになりました。

大量の生産緑地が放出される可能性が高い２０２２年までに対応が遅れた自治体は、羽生市のように新築住宅建設ラッシュに見舞われることが懸念されます。

東京・練馬区は生産緑地の解除を望む地主に対し、特別養護老人ホーム用に、社会福祉法人などへ土地を貸し出すことを提案しています。

政府は16年5月、都市農地の保全を強力に推進する方針を示していますが、どうなるかは全く不透明です。

資産価値の面からも、物件検討の際は周辺の土地の活用状況や自治体の都市計画をよく把握しておく必要があります。

第2章

「どこに住むか」が明暗をわける

1にも2にも3にも「立地」

どんな立派な建物であっても、それがニーズのない立地にあるのなら価値はありません。たとえ1億円の豪邸を建てても、誰も住まないような場所にあれば、市場価値はありません。住宅選びの要諦は、1にも2にも3にも「立地」です。

立地選びについて、立地のステイタス性を意味する「地位《ちぐらい》」、「駅からの距離」「周辺・生活環境」などが重要であることはよく知られています。またノウハウ本をひもとけば、その地域の概況を知るために、市区町村役場などで「都市計画図を入手せよ」と書かれていることでしょう。

「都市計画図」とは、その自治体の道路計画や街づくり、建築規制などの広義な都市計画について、白地図に落とし込まれたものです。該当物件の周辺が商業系なのか住宅系なのか、どのくらいの規模や種類の建物が建ちそうなのかを知ることによって、地域の将来像を把握します。

都市計画図は市区町村役場の都市計画課などで、無料から500円程度で入手できます。

情報公開が進んでいる横浜市では、インターネット上に無料で確認できます。都市計画や路線価、地盤情報に道路台帳、公共下水道台帳、防災情報までが一元化されています。

しかし、これらの情報は、あくまで現状把握ができるに過ぎません。今後の劇的な社会環境の変化を踏まえれば、従来型の調査だけでは足りないことを理解しておく必要があります。

前述の通り日本はこれから本格的な人口減少社会に突入します。地方へ行けば「限界集落」と呼ばれる、高齢化、少子化、人口減少によって、持続不可能な地域がたくさんあります。都市部においても将来同様の現実が発生します。長期で見れば、世界一大きな都市である首都圏も、東京都でさえも例外ではありません。

人口や世帯数が減少する局面では、人の動きは偏在化し、特定の場所に集まることが知られています。その偏在具合も通常イメージされているよりは極端になります。東京圏・名古屋圏・大阪圏の三大都市圏に人口が集中する一方、全国の6割以上の地域は人口が半分以下になります。

現在の人口規模が小さいほど人口減少率は高くなり、前述した通り、10万人以下の市区町村では平均を上回る減少率、とりわけ6000〜1万人以下の市町村の人口は半分になるとの予測もあります（国交省）。人口が減少する自治体の財政は厳しくなり、税収は減り、上下水道などインフラの修繕や更新、ごみ収集などの行政サービスの効率は極端に悪化します。

進む「街のコンパクト化」

こうした事態を踏まえ、国は「コンパクトシティ」の概念を打ち出し、「集まって住む」を政策的にも推し進めようとしています。

都市中心部に集まって住む取り組みで先行している富山市は、全国に先駆けコンパクトシティの概念を採り入れ、遠方の居住者が中心部に引っ越す場合に補助金を支給したり、路面電車を走らせるなど、モデル都市として国の助成も受けながら、中心部に人を集める政策を展開しています。人が集まる一部の地域の地価は下がらず、上昇する地点もみられます。かたやそれ以外の多くの地域では、地価が下がり続けています。

遅かれ早かれ全国どの地域もこうした方向に進んでいきます。一方で都市計画の方針転換がうまく進まず、非効率なまま放置される都市も出てくるでしょう。すべては各自治体の取り組みいかんですが、このような動きは自治体の都市計画図には織り込まれていません。

自動車を中心とした、拡大志向の、無秩序ともいえる日本の都市政策は、各自治体が財政難に喘ぐなか、ゴミの収集や除雪などの行政サービスや上下水道などのインフラ整備の非効率さを改め、高齢化社会に対応可能な、徒歩か自転車で生活できる街づくりの方向に変わりつつあります。

基本的には「駅周辺か鉄道沿線に集まって住む」、「自動車中心社会から鉄道中心社会への転換」です。

本格的な人口減少、世帯数減少はこれから始まります。こうした局面では大きく二つの人の流れが起きることが知られています。一つは「都心・都市部への集中」。もう一つは「偏在化」です。

例えば隣駅にある、広さや築年数、駅からの距離がほぼ同条件の物件なら、現在は価格もほぼ同じですが、将来的には双方に大きな格差が生じます。

立地について調査する場合、市区町村役場の都市計画課などに直接赴いて、都市計画図に織り込まれていない将来的な都市構想や計画がないか確認してみましょう。議会の議事録を確認したり、地域住民にヒアリングしたり、地元の有力者を探して訪ねるのもいいと思います。いくつかの地域について同様の調査を行えば、各地の温度差がよくわかります。

これから選ぶ地域が、コンパクトシティの方針上にあるのか否かは、居住の快適性のみならず、将来的な資産性にも大きく影響します。

街のコンパクト化が進んでいくと、駅前は商業系、少し離れたところは住居系といった、用途によるゾーニングの意味がなくなっていきます。具体的には「住居系」「商業系」「工業系」に大きく分類された「用途地域」の見直しが進みます。

自動車がなければ生活ができない郊外に土地を持っていても、その地域に若い世代が新たにやってくるだけの「魅力」がないと、資産価値は維持できません。子育てを考えて家を買ったものの、老後を迎えたときに家の価値が全くなくなるということも十分に考えられます。

「自治体を選ぶ」という視点も欠かせません。ある自治体では財政が厳しく、行政サービスも縮小傾向です。一方、ある自治体は税収が豊かで行政サービスは充実しています。こうした格差が目に見えて起きていきます。

住む地域を決める際にすべきことは、地域の自治体のホームページを確認するなどして、財務状況、方針や行政サービスをチェックすることです。ほとんどの自治体はインターネット上に情報公開をしています。不動産の価格には、自治体の経営状態や行政サービスの質も含まれていると考えておくことが大切です。

日本の土地資産額は1500兆円あったバブルピーク時から半減しましたが、今後さらに減少すると思います。その内訳はもちろん〝バラバラ〟になります。価値が落ちないところと、そうでないところの極端なコントラストが描かれるでしょう。

自治体間格差が広がる

「母になるなら、流山市。」というキャッチコピーで一躍有名になったのが、千葉県流山市です。首都圏郊外の放置しておけば衰退しかねない典型的なベッドタウンでしたが、子育て世帯を集める政策が奏功し、人口は増加し続けています。

流山市の子どもの医療費は中学3年生まで助成対象で、通院は1回200円、入院は1日200円の自己負担で済みます。実家で出産を希望する市民には、県外の医療機関で行った妊婦健康診査の費用を助成しています。

さらに、待機児童問題を解消し、働きながら子育てできる環境を実現すべく、南流山駅、流山おおたかの森駅に「送迎保育ステーション」を開設しました。毎朝、親が連れてきた子どもたちを預かり、指定保育園へバスで送迎します。夕方、バスで戻ってきた子どもたちを親が迎えに来るまで預かってくれます。朝7時から最長21時まで利用可能で、月額2000円、スポットなら1日100円から利用可能です。

地域での子育て支援を行う「ファミリー・サポート・センター」というサービスもあります。育児の援助を受けたい利用会員と、育児の援助を行う提供会員がそれぞれ登録。平日の朝6時から夜10時まで1時間700円で利用できます。利用会員は、6カ月～10歳未満の子供がいる人が対象です。

こうした行政サービスは、担税力のある共働き世帯の流入があるからこそできることです。こうした魅力的な取り組みを行う自治体は、住民を集めることができるので、その地域の不動産価格も自ずと維持、ないしは上昇に向かうでしょう。

「活かす街」と「捨てる街」に二分

これから本格化する人口・世帯減の文脈において、各自治体は、「人口密度を保つ」「地価維持、ないしは上昇を目指す」とする区域と、「そうでない地域」つまり人口密度の維持に努めず、上下水道などのインフラ整備やゴミ収集・除雪などの行政サービスを積極的に行わない区域との線引きをするようになります。

人口減少が続くと、不動産価格は下落、自治体の主要財源である固定資産税収入が減っていきます。また人口密度が低くなると、上下水道などのインフラ修繕やごみ収集などの行政サービスが非効率になっていきます。先に触れたように空き家が増えれば街の荒廃が進みます。迷惑空き家については自治体が最終的に解体、費用は所有者に請求できることになっていますが、必ず回収できるとは限りません。

こうした事態を放置していては、やがてどの自治体も財政破綻します。人口が急減し、行政サービスもままならなくなった北海道夕張市の事例を笑えなくなるでしょう。

ところで、空き家問題や街の過疎化といえば、かつては地方の問題でしたが、これから課題が浮上するのは都市圏です。都心部から30～40キロ圏内のベッドタウンが深刻になります。

２０１７年地価公示において、全国の住宅地で下落率８・５％とナンバーワンだったのは、千葉県柏市のとあるベッドタウンでした。

神奈川県では相模原市、横須賀市、藤沢市、埼玉県ではさいたま市、川越市、戸田市、志木市、春日部市。千葉県では流山市、松戸市、柏市などがすでにこの人口問題の対応に乗り出しています。ある時期一気に人口が増加した地域は、その後適切な若年層の流入がなければ一気に高齢化し、やがて人口が減り、街は荒廃します。

そこで、こうした事態の収拾に乗り出すべく、政府も14年9月、街のあり方を根本的に変える大改革を行いました。「都市再生特別措置法の改正」がそれです。この「改正特措法」の施行で、各基礎自治体が「活かす街」を具体的に指定することが可能になりました。

同年には日本創成会議が、全国のおよそ50％にあたる896もの基礎自治体を「消滅可能性都市」と指定し話題を集めました。現実には自治体が消えてなくなってしまうわけではなく、各自治体の中で「活かす街」と「捨てる街」を決定し、実行に移すことになると思われます。

「居住誘導地域」の線引きが始まる

巻頭の口絵2「立地適正化計画の概要」をご覧ください。水色の部分は「居住誘導区域」

といって、自治体が「人口密度を維持すると宣言する地域」です。これから加速度的に人口減少が始まる中で、人口密度を維持または増加させ、生活サービスやコミュニティが持続的に確保できるよう居住を誘導します。

しかし、自治体が本当に言いたいことはその逆です。「枠の外では、人口密度を維持できません」ということです。

「居住誘導区域」の中にある赤色の部分は「都市機能誘導区域」と呼び、医療・福祉施設、子育て施設、学校、役所、商業施設などが集約されるエリアです。こうした地域には容積率の緩和や税制優遇、補助金制度などによって同区域内への移転を促進します。

16年12月現在、都市部・地方問わず全国３０９の自治体でこの計画が進行中です。これから選択しようとしている地域では、どんな線引きが行われるでしょうか。またその中身はどのようなものでしょうか。人口密度を維持すると宣言された地域では不動産価格は維持され、それ以外は無価値に向かいます。インフラ修繕なども後回し、やがては放置されるでしょう。金融機関も区域外では積極的な融資を行うことはないでしょう。「枠の内と外」で居住快適性や資産性に大きな差が出てきます。

埼玉県入間郡の毛呂山町《もろやままち》は現在作成中の立地適正化計画において、「20年後に地価を10%以上上昇させる」とする目標を掲げています。町の人口は同期間に22%減少見込みとされるところ、人口政策の取り組みによる成果を想定し、18%程度の減少とし、居住区域に住宅を誘導して人口密度を保ち、同時に投資を呼び込むことで地価上昇につなげようとするものです。

毛呂山町には3960戸の空き家があり、空き家率は19・8%（13年住宅・土地統計調査）ですが、35年には空き家2850戸、空き家率は15・19%へ圧縮することを目指します。居住用同地域では区域外からの居住を誘導することにより、65人／ヘクタールの人口密度とし、10%以上の地価上昇が可能としています。

道路一本挟んでかたや容積率100%のまま、かたや300%へ緩和といった格差が生まれれば、地価に大きな影響が出るのは必至です。利害関係者が目の前にいる状況で、具体的な計画案を公表するのに二の足を踏んでいる自治体も少なくありません。

従来の都市計画概念が吹き飛ぶ話ゆえ、相当にドラスティックではありますが、全国のほとんどの自治体でこうした「立地の選択と集中」が迫られています。こうした自治体の計画についてはよく調べ、将来激変するであろう街の将来像を思い描いておきたいものです。

もちろんこうした線引きが行われたからといって、その瞬間から街が変わるわけではありません。街づくり、都市政策は10年単位の長い取り組みです。

しかし、この政策は「不断の見直しを行う」としている点に注目してください。こうした規制は徐々に厳しくなっていき、区域外の地域は時間の経過に伴い、徐々に無居住化に向かうイメージを持っていたほうがいいでしょう。

まず「災害可能性のある区域」が外される

さて、こうした立地適正化計画で真っ先に区域から外されるのはどこでしょうか。まずは「災害が予想される区域」です。集中豪雨や大地震などの際に災害リスクが予想されるところです。すでに立地適正化計画案を提示している大阪府箕面《みのお》市はじめ、多くの自治体では例外なく災害可能性のある区域が除かれています。

例えば崖地の上やその周辺などです。土地の起伏の多い神奈川県などにはこうした区域がたくさんあります。浸水可能性がある区域も要注意です。浸水可能性といえば標高の低い低

写真1　都市部に多い半地下物件には浸水のリスクが

地などが想像されますが、実は標高の高いところであっても浸水可能性があります。

東京都世田谷区の標高はおおむね30メートルですが、区内の多くの地域で2メートル以上の浸水が予想されているのをご存じでしょうか。巻頭口絵3は世田谷区の洪水ハザードマップです。水色で塗られた区域は1～2メートル、青の区域は2メートル以上の浸水が予想されています。

では、なぜこうした標高の高いところでも水害が予想されるのでしょうか。実はこうした都市部の場合、雨水の排水処理設備は1時間あたり50～60ミリ程度を想定して整備されているのですが、想定を超えて雨が降れば、処理しきれない雨水が路上に溢れ出してしまうからです。昨今の集中豪雨は一時間当たり１００ミリを超えることも珍しくありません。

たとえ一定の標高があっても、水は低いところに集中します。

こうした地域には、住宅が密集しています。水害を予測して基礎を高くするなどの工夫が施されていればまだしも、いわゆる「半地下物件」が建っていたりします。

半地下物件とは写真1のような、地盤面を掘削し地盤面より低いところに1階部分がある建物のことです。住宅地は建物の高さ制限があることが多く、そうした地域で3階建ての建物を建てるケースによく見られます。

一般的にこれら半地下物件では、数万円のポンプによって排水処理を行うため、浸水リスクはこのポンプの処理能力に依存します。もしポンプが壊れたり、停電で止まってしまったら、排水が不可能になります。

現在、こうしたリスクは多くの場合で価格に反映されていません。しかし、ひとたび立地適正化区域から外されてしまえば、不動産としての資産評価、金融機関の担保評価には天と地の開きが出るでしょう。

沿線ごとの人口増減格差

今後、沿線別の格差も広がっていきます。

首都圏の人口動態を見てみましょう。図表10は、2035年の夜間人口と生産年齢人口

図表10　2035年の沿線別にみた夜間人口、生産年齢人口の予測（2005年比）

	沿線	夜間人口の増減率	生産年齢人口の増減率
1	**田園都市線**	**20.7%**	**6.0%**
2	**京王線**	**8.9%**	**−4.8%**
3	**東急東横線**	**1.6%**	**−7.4%**
4	**埼玉高速線**	**3.7%**	**−8.1%**
5	京葉線・外房線・内房線	5.8%	−9.8%
6	東葉高速線	2.1%	−10.7%
7	東西線	−4.6%	−14.3%
8	東海道線	−6.7%	−19.1%
9	西武新宿・拝島線	−0.7%	−15.8%
10	小田急線	−5.3%	−19.3%
11	京浜急行線	−12.1%	−23.0%
12	中央線・五日市線・青梅線	−6.5%	−20.9%
13	総武・成田・京成線	−12.4%	−24.6%
14	東北・高崎線	−10.8%	−23.6%
15	相鉄線	−10.6%	−25.4%
16	東武東上・越生線	−11.8%	−25.5%
17	浅草・京成・北総線	−13.1%	−28.6%
18	西武池袋・秩父線	−9.5%	−25.6%
19	TX線・常総線	−14.4%	−29.9%
20	常磐線	−18.4%	−33.0%
21	**日比谷線・東武伊勢崎線・日光線**	**−23.4%**	**−36.1%**
参考	山手メトロ沿線	10.4%	3.7%

（出所）国土交通省「東京都市圏における鉄道沿線の動向と東武伊勢崎線沿線地域の予測・分析」

(15歳以上65歳未満の人口層)の増減を、東京都市圏の21沿線別に予測したものです(2005年比)。ざっと見ただけでも、沿線によって大きくばらつきがあることがわかります。

沿線格差がさらに拡大することにも注目してください。「人口増減率」シミュレーションによれば、まずダントツで優秀なのは、「田園都市線」です。

2035年時点の夜間人口は05年時点に比べ20・7%も増大します、高齢化の進行は避けられないものの、生産年齢人口も6・0%増えるという予想が出ています。「京王線」「東急東横線」「埼玉高速線」などは、生産年齢人口は減少するものの、夜間人口はプラスで推移します。

一方、芳しくないのは「日比谷線・東武伊勢崎線・日光線」です。夜間人口は23・4%も減少し、生産年齢人口に至っては36・1%減と、すさまじい状況になりそうです。空き家とひと口に言っても、田園都市線にあるのと日比谷線・東武伊勢崎線・日光線にあるのとでは、その境遇に大きな差が出そうです。全体として極端な「西高東低」の傾向にあることが見てとれます。

夜間人口の増減率と生産年齢人口の増減率を散布図に落とし込むと、両者に密接な関係があることが分かります。増減率は沿線ごとに異なりますが、15歳以上65歳未満を中心に人口が減っていきます。

しかし、実際には「田園都市線なら絶対に大丈夫」「東武線沿線は全部ダメ」ということでもありません。

例えば、東武伊勢崎線沿線の街の中でも、条件の〝悪い〟「埼玉県春日部市」を見てみましょう。

春日部市は都心部から30キロ圏内の典型的なベッドタウンですが、2000年をピークに東武線沿線の中でもいち早く少子・高齢化、人口減少が始まっており、今後深刻化する見込みです。

春日部市は周辺自治体と比べて不利な状況にあります。固定資産税や地方税は県内最下位、市民所得も少ない自治体です（図表11）、隣接する越谷市に08年、越谷レイクタウンがニュータウンとして整備され、ショッピングセンターのイオンレイクタウンが開業したことによって、購買行動も吸い取られる形になっているなど、二重苦、三重苦の状態です。

図表11 埼玉県各市の一人あたりの固定資産税収入と地方税収入の関係

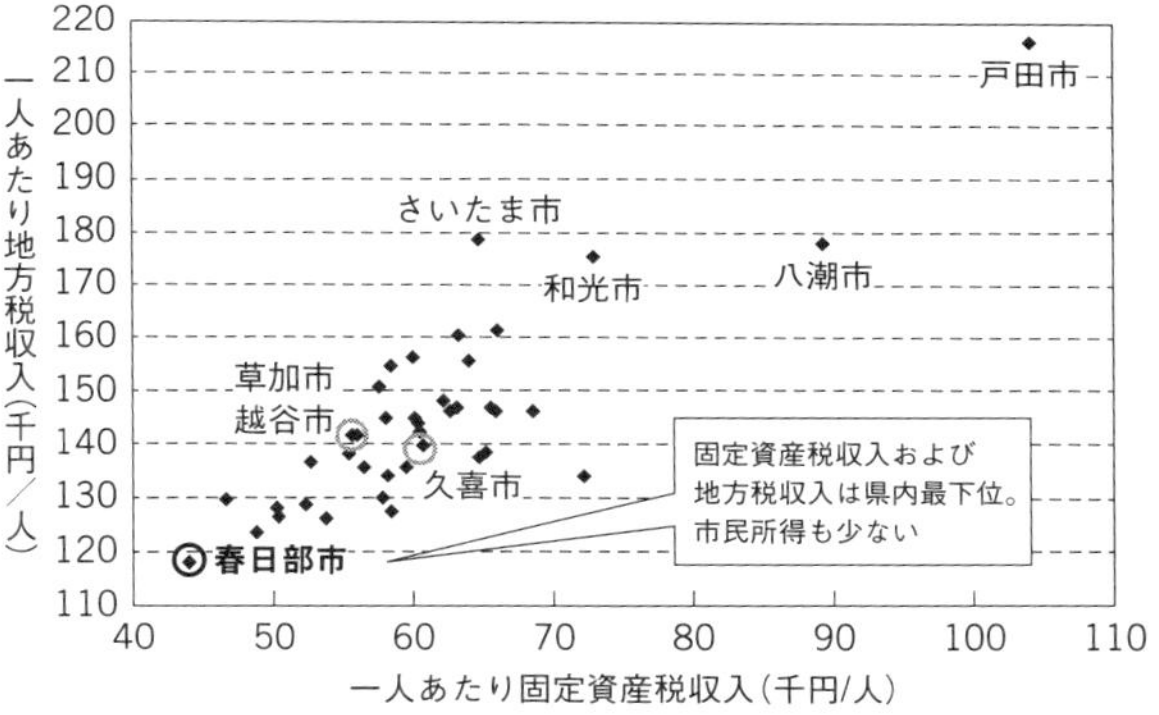

(出所) 春日部市ホームページ

こうした事態は春日部市も把握しており、すでに「立地適正化計画」の策定を始めています。人口密度の維持が図られる「居住誘導区域」であれば、全体として条件が悪い春日部市内であっても有望です。

市の立地適正化計画は策定中の段階で、線引きは決まっていませんが、現時点で有望視できるところがあります。

それは「春日部駅東口」です。「春日部市中心市街地まちづくり計画」によれば、かつて宿場町だった旧街道沿いの古い家をうまく利用しながら、川越のような町並みを再現させたり、川沿いの水辺開発を行うといった案が出ています。こうしたまちづくりが実現すれば、周辺の地価は間違いなく上がるでしょう。

地域の「災害対応力」を調べよう

今後は地域の「災害対応力」によっても土地の資産価値に大きく差がついていきます。これまで日本の地価には土地の高低差や地盤・地質の評価が織り込まれていませんでした。ところが、東日本大震災を受け、国はこうした項目の評価法を検討し始めました。

地震による地盤の揺れやすさは「表層地盤増幅率」という数値で示されます。1・6以上になると地盤が弱いといわれています。国立研究開発法人防災科学技術研究所によると、「揺れやすい」1・6以上〜2・0未満の地域に1700万人、「特に揺れやすい」2・0以上の地域には約2200万人、「場所によっては揺れやすい」1・4以上1・6未満の地域は約2200万人が居住しています。

これらの数字を海溝型地震と活断層型地震の発生確率と合わせて考えると、5300万人が「30年以内に26%以上の確率で、震度6弱以上の地震が予想される地域」に住んでいることになります。

同研究所が提供している「地震ハザードカルテ」をみれば、一定期間に見舞われるだろう地域ごとの震度確率や地盤の強さなどをまとめた総合評価を調べることができます。

同研究所のホームページでは「30年以内に発生する地震が震度6弱以上となる確率」「1000年に1回程度発生するとみられる巨大地震の規模」「表層や深部の地盤の揺れやすさ」など、8項目の危険度を5段階評価し、八角形のグラフで総合評価しています。

もちろん新住宅データベースにも「地盤」「地質」「液状化」「浸水履歴」などが盛り込まれる予定です。将来的には地域の災害対応力が資産性を大きく左右すると見て間違いありません。

マグニチュード（M）7クラスが懸念されている「首都直下地震」について、東京大学地震研究所などのチームは、30年以内に約70％の確率で発生すると試算しています。

また100～150年周期で大規模な地震が発生する「南海トラフ地震」について、文部科学省地震調査研究推進本部は、長期評価において30年以内の発生確率が南海地震について60％程度、東南海地震について70～80％としています。

さらに国の有識者会議（南海トラフ巨大地震対策検討ワーキンググループ）は、南海トラフでM9・1の地震が起きると、最悪220兆3000億円の被害が出るという試算を発表しています。

東日本大震災が発生した太平洋沿岸では、海側の太平洋プレートが、陸側の北米プレートの下に潜り込んでいます。陸側に引き込まれた北米プレートが力を解放することで起きた地震のあと、プレートが滑りやすくなることで起きる「アウターライズ地震」も気がかりです。

1933年の「昭和三陸地震」は、その37年前に起きた「明治三陸地震」の影響、2007年1月の「千島列島沖地震」はその2カ月前に近くで起きた地震の影響であり、今後も同じ程度の地震が起こる恐れがあるとする専門家もいます。

大震災が起きたとき、経済・金融に混乱が起こるのは必至ですが、被害があまりにも大きかった場合、かつては関東大震災でGDPの3分の1に上る損失の後、銀行の取り付けを防ぐモラトリアム（支払い猶予）、復興のため日銀が割り出した手形濫用から金融機関の信用不安、取り付け騒ぎと同様の事態にまで発展する可能性もあります。

もし、こうした事態に陥った場合は、不動産価値が大きく下がるのはもちろん、道路や鉄道、上下水道のインフラは大きく毀損します。土地の液状化に見舞われるところも出てくるでしょう。

多くのマンションでは一定の災害対策がとられ始めましたが、街単位でもこうした取り組みがなされるべきです。しかし、実際には地域ごとでの温度差があります。定期的に防災訓練を行うところもあれば、まったく方策が打ち出されていないところ、一定の方策はあるものの、実際には形骸化していて機能しなさそうなところがあります。

皆さんがこれから住もうとしている地域が、どういった防災対策を、どういった前提で施そうとしているのかを確認することは、自身や家族の安全のためにも欠かせません。市区町村役場の防災課などの部署に赴けば、情報を集めることができます。

第3章
住宅の評価に革命が起きる

住宅の本当の寿命

「住宅の寿命は30年」。おそらく多くの方がこうしたメディアによるアナウンスを鵜呑みにしていることでしょう。しかし、残念ながらそれは間違い、勘違いです。

国土交通省によれば木造住宅の寿命は27年ないしは30年、マンション（RC、鉄筋コンクリート造り）は37年とされています。

この「木造寿命27年」の根拠は「取り壊した住宅の平均築年数」です。現存する建物の中には築30年を優に超え、50年、60年、あるいはそれ以上長持ちしているものも多く、実態を反映した数字とは言えません。

次に「寿命30年」の根拠を調べると、「ストック（現存する住宅数）数をフロー数（新築数）で割ったもの」です。「サイクル年数」という概念を使い、便宜的に求めた数字です。したがってこれも木造住宅の寿命を正確に表しているわけではありません。

「マンション寿命37年」の根拠は「建て替えをしたマンションの平均築年数」です。もちろん、築年数が37年を過ぎるマンションは数多く存在します。この数字も正確な寿命とは言えません。

また、木造住宅の減価償却期間が22年、ＲＣが47年であることを引き合いに出し、これを建物寿命と結びつける向きも多いのですが、これまた大いなる勘違いです。

減価償却とは、建物部分を劣化に応じて経費化するための数字であり、建物の寿命とは何ら連動しません。例えば米国では建物の減価償却は、どんな構造であっても一律に27・5年ですが、減価償却期間とは無関係に売買査定や融資のための担保評価が行われています。

では、本当の住宅の寿命はどのくらいなのでしょうか。

多くの研究があります。早稲田大学の小松幸夫教授らが行った「建築寿命の推定」の最新調査（２０１３年）は、人間の平均寿命推計と同様の手法を採用しており、木造住宅の平均寿命は65年です。

また、中古マンション（ＲＣ）の寿命には諸説あります。１１７年（飯塚１９７９）、68年（小松２０１３）、１２０～１５０年（大蔵省主税局／固定資産の耐用年数の算定方式１９５１）など。

実際には配管の種類や箇所にも大きく左右されるのですが、思いのほか長持ちするイメージです。しかし、マンションの寿命はそれよりも延びるでしょう。適切な点検や修繕を行う慣習がなかった状況でこの寿命なのですから、所有者がメンテナンスを意識するだけで格段に延びるはずです。また建物の寿命を延ばす技術も日々進歩しています。

築80年のRC建築をリノベーションした実例があります。まず、建物のコンクリート部分について強度に問題がないことをコア抜き試験によって確認します。劣化している箇所については、一部は鉄筋を張り替え、新たなコンクリートを注入するなどして補修します。表面には1・5センチ程度のポリマーセメントモルタルを塗布することによって、建物の寿命は60年程度、築140年まで延びると認定されました。

コンクリートは当初「アルカリ性」です。これが空気中のCO_2を吸収し、年に0・5ミリずつ中性化していきます。鉄筋のかぶり厚（コンクリートの厚み）は3センチ。つまりコンクリートの中性化が60年で鉄筋にまで到達する計算です。

コンクリートは中性化しても強度が弱まるわけではなく、空気や水が浸透しやすくなることによって劣化します。劣化が鉄筋にまで到達すると、錆が生じて鉄筋は膨張、コンクリートを徐々に押し出していきます。このとき、前述のような施工を施せば、鉄筋は保護され、十分利用可能になります。

建物の寿命は二つある

建物の寿命には種類があります。まずは「物理的な寿命」です。これは文字通り30年で取り壊さざるを得ないのか、50年、100年と利用できるのか、つまり「新築後、何年で朽ち果ててしまうのか」ということです。住宅の寿命は「設計」「施工」「点検・メンテナンス」の三拍子が揃ったときに長持ちします。

日本の住宅設計・施工技術は世界有数ですから、しっかり設計され、設計の通りにきちんと工事が行われ、予防的で適切な点検・メンテナンスが行われていれば、寿命は格段に伸長し、欧米と同様、住宅寿命を100年以上にすることが可能です。

もう一つは「社会的な寿命」です。昭和30〜40年代に建てられた公団住宅などをイメージするとよいでしょう。かつては庶民の憧れの的だった夢の公団住宅も、5階建て、エレベーターなし、天井が低い、間取りが少ない、各居室が小さいなど、現在の住宅水準と比べるとかなり見劣りします。しかし、当時は斬新で先進的な住宅でした。これはむろんわが国の住宅居住水準が向上してきたからですが、今から見れば時代遅れとなっています。

では、この「社会的な寿命」を極力延ばすにはどうしたらよいでしょうか。この点において重要なキーワードは、「可変性《かへんせい》」です。これは時代の変遷によって、あるいは入居者の生活様式・人生サイクルの変化によって、必要な間取りや機能が変化した場合、柔軟に変化することができるかどうか、ということです。

例えば30歳代の夫婦と子供2人の4人家族が住宅を購入するケースを考えてみます。夫婦の主寝室や子供部屋が欲しいのなら、当初は4ＬＤＫなどの間取りが必要になるでしょう。しかし、将来子供が独立して家を出て行き、夫婦2人になったとき、あるいは1人になったとき、4ＬＤＫは不要になります。このとき細かく区切られた部屋をつなげ、広めの2ＬＤＫなどに変更したほうが暮らしやすくなります。

住宅市場の指標を知る

住宅市場にはさまざまな指標があります。公的なものだけでも、国土交通省による「地価公示」「取引価格情報」、都道府県による「地価調査」、国税庁による「相続税路線価」、市区町村による「固定資産税路線価」があります。

加えて、東京証券取引所が「不動研住宅価格指数」を、国土交通省が12年から「不動産価格指数（住宅）」を毎月公表するようになりました。

両者とも試験運用期間中ですが、「住宅価格を指数で表す」というこれまでにない新しい試みです。とりわけ不動産価格指数については、G20で合意したグローバルな基準であることから、今後の主流になると思われます。

ここで、これらの指標の特徴と見方について簡単に説明しましょう。

不動研住宅価格指数――首都圏の中古マンションが対象

「不動研住宅価格指数」は、東京証券取引所の「東証住宅価格指数」を引き継ぐもので、公益財団法人東日本不動産流通機構より提供された首都圏中古マンションの成約価格情報を活用し、一般財団法人日本不動産研究所が毎月公表している指数です（図表12）。

2017年1月の指数は首都圏で88・07ポイント、前月比0・59％増と、東京、神奈川、埼玉、千葉のすべてで上昇基調です。

図表12　不動研住宅価格指数の推移（直近10年間）

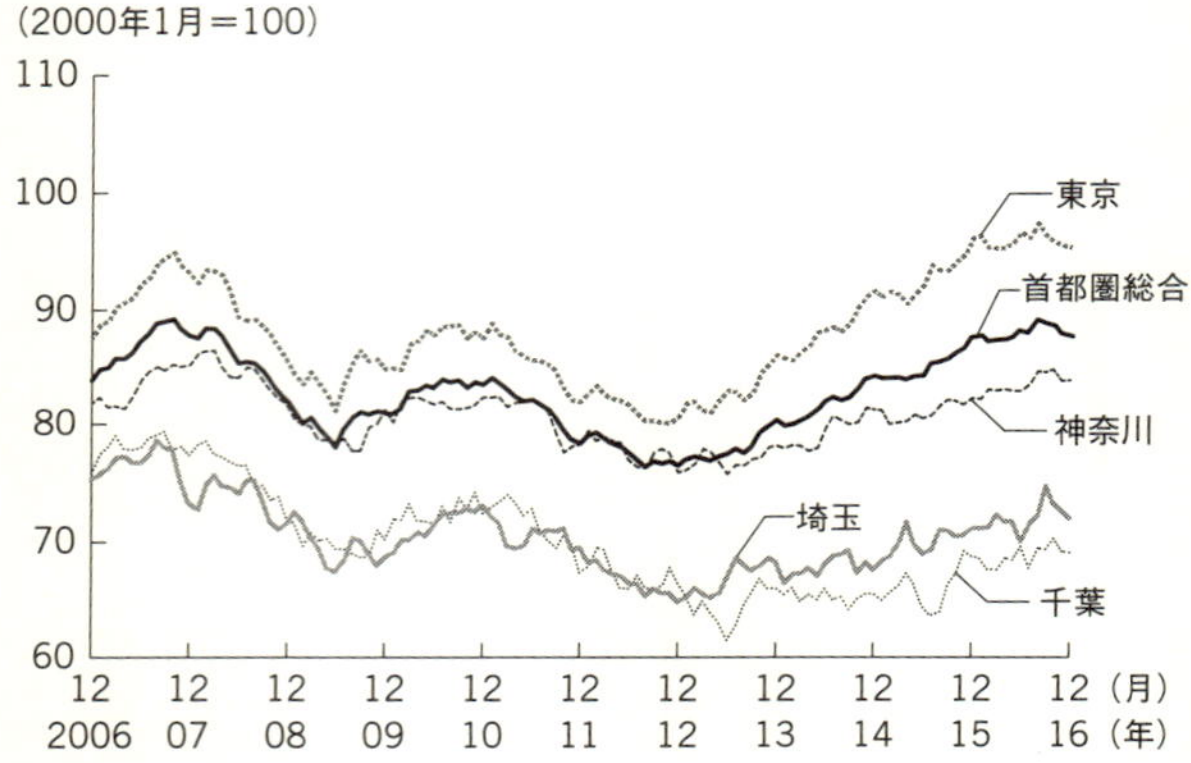

（出所）日本不動産研究所

この指標の注意点は、まず情報鮮度が2カ月前であることです。宅建業者間の不動産情報ネットワーク「レインズ」の成約情報が登録されるのを待って、指標の作成が始まるからです。

注意したいのは、ベースとなる成約情報の質と量です。宅地建物取引業法では取引が成立した場合、成約情報の登録が義務づけられています。ところが、登録しなくても罰則はないので、取引物件のうち実際に登録されているのは数分の一程度に過ぎません。

さらに現場の実態を見れば、本当の取引価格をそのまま登録しているかどうかも不透明な点があります。例えばあまりに低い価格で成約した場合、そのマンション全体の資産性に影響が及ぶのではと、仲介業者や売り主が懸念することがあります。

不動研住宅価格指数は米国のケース・シラー住宅価格指数をモデルにしています。ケース・シラー住宅価格指数は、格付け会社であるスタンダード・アンド・プアーズ（S&P）が毎月発表している、全米主要都市の住宅価格指数です。

ケース・シラー住宅価格指数は経済動向を見る上でも重要な指標の一つです。シカゴマーカンタイル取引所ではこの指数を使った指数先物取引が行われており、定着しています。そこで日本でもこのような指標を作ろうと、国土交通省が早稲田大学の協力などを得て算法したのが東証住宅価格指数でした。

不動産価格指数——主要先進国による国際指数

その後、G20でグローバルな住宅価格指数のスタンダードが決まりました。

米国発のサブプライムローン問題に端を発するリーマン・ショックは、世界的な金融・経済危機をもたらしました。不動産価格の変動に関する情報が不十分で、市場動向を適切に把握できなかったことも、危機を拡大させた要因の一つと考えられています。どこの国も不動産価格がいつからどの程度上昇し、下落したのかを正確に把握できませんでした。

そこで、国際的な共通指針のもとに不動産価格を把握する必要性が各国で共有されました。その結果、G20に対するIMF（国際通貨基金）の勧告を受け、OECD（経済協力開発機構）、BIS（国際決済銀行）、ILO（国際労働機関）など多数の国際機関や各国有識者が協力して、「国際住宅価格指数ハンドブック」が作成されました。

これを元に主要先進国は2012年、不動産価格指数の運用を開始、日本も同年8月、スタートしました。

この指数は、年間約30万件の住宅・マンション等の取引価格情報をもとに、全国・ブロック別・都市圏別に毎月の不動産価格を指数化しています。指数の作成には日本銀行、金融庁、法務省、業界団体が関わり、総務省や内閣府もオブザーバー参加し、国際的に高い評価を得ているようです。

先の「不動研住宅価格指数」と併せ、「南関東圏」（東京・神奈川・千葉・埼玉）について見てみましょう。

図表13 不動産価格指数（住宅、全国）の推移

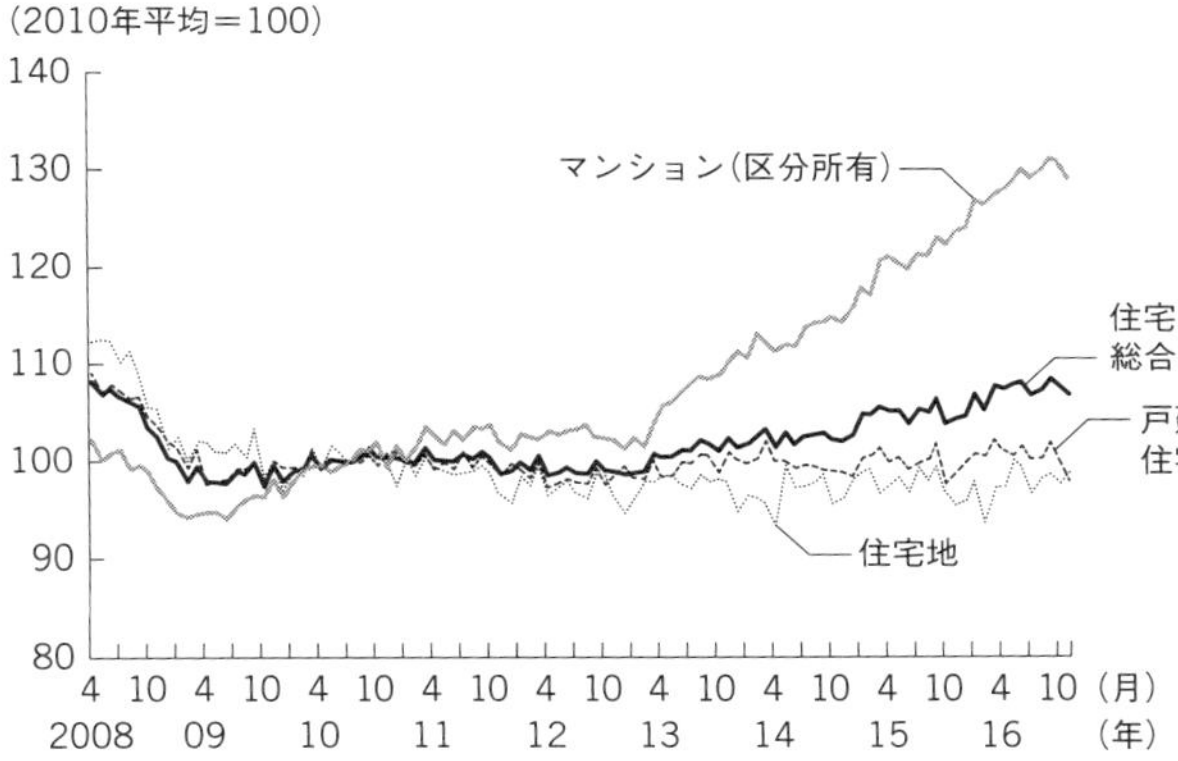

（出所）国土交通省

16年12月の指数は109・5（対前年同月比プラス1・7）です。この数字は全国平均（図表13）の106・3（対前年同月比プラス1・7）と比べるといい数字でしょう。マンションの指数をみると125・6（対前年同月比プラス3・6）と、上昇基調が続いているのが見てとれます。

一方で更地・建物付土地は100・9（対前年同月比プラス2・2）と、わずかに改善しています。上がり過ぎたマンションと比べた相対的な割安感から選好されたものとみられます。

2カ月先行している先の「不動産研住宅価格指数」では上昇トレンドが継続していますか

ら、この先2カ月の結果を予想できます。

不動研住宅価格指数は「リピートセールス法」といった手法で算出されているのに対し、不動産価格指数は「ヘドニック法」という、グローバル基準として採用された方法で算出されています。

ただし、この不動産価格指数にも課題があります。それはベースとなるデータが「アンケート」によるという点です。

不動産登記が行われると、法務省は「登記済み異動通知書」を国土交通省に送ります。国土交通省はそれを受けて、所有者にアンケートを郵送し回答を得ます。こうなるとかなりのタイムラグが発生します。現在では公表までに5カ月かかっています。また当然、すべての所有者が回答するわけではありませんし、真実の価格なのかどうかもわかりません。

欧米の多くの国では、登記簿に取引価格を記載する仕組みがあります。英国では、購入者の住宅ローン情報を網羅的に収集できる制度があるそうです。購入者が住宅ローンを申請する際には売買価格を取得します。先述した「国際住宅価格指数ハンドブック」では、90日以内の公表が好ましいとされています。

国のデータベース整備で起きること

実情を改善し、不動産価格を限りなく〝透明化〟させるため、国は現在「不動産総合データベース」の整備を進めています。

不動産情報といえば、例えば不動産業者向けの不動産情報データベース「レインズ」がありますが、この中に織り込まれている情報は、不動産広告の物件概要に掲載されている程度のものでしかありません。

また、国土交通省は、実際に取引された不動産の価格情報をウェブサイト「不動産取引価格情報土地総合情報システム」に公開していますが、この情報の出所はアンケート調査で価格情報公開に了承したケースのみで、数量として全く不十分です。

そこで今、国土交通省は不動産にまつわるありとあらゆる情報を集約したデータベースを整備しています。図表14は新たな不動産総合データベースの全体イメージです。

不動産に関わる情報は、多方面に散逸しています。都市計画情報は市区町村役場、上下水道などインフラ情報は水道局や下水道局、登記情報は法務局といった具合です。

図表14　不動産総合データベースの仕組み

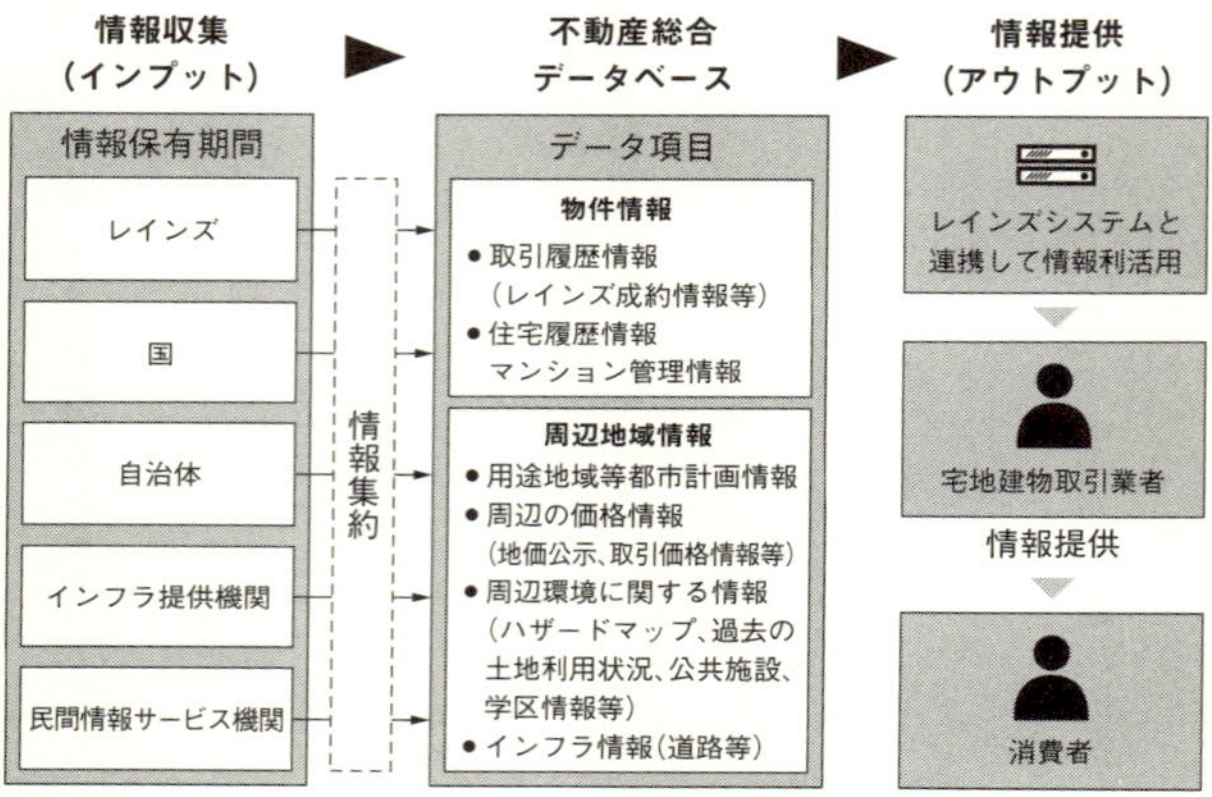

（出所）国土交通省「不動産総合データベースについて」をもとに作成

こうした情報を一元化し、過去の物件の取引履歴、成約価格、住宅履歴情報、マンション管理情報、周辺のインフラの整備や公共施設の立地、周辺不動産取引価格情報など、物件そのものの情報や周辺エリア情報、災害や浸水可能性などのネガティブ情報や小中学校などの学区情報に至るまで、このデータベースに詰め込まれる予定です。

実はこの不動産総合データベースの試作品が、日本ユニシスの協力を得て完成しており、横浜市・静岡市・大阪市・福岡市で試行運用中です。早ければ2018年度には全国に順次拡大されます。

新たな不動産総合データベースが本格運

図表15　物件の相場が時系列で示されている

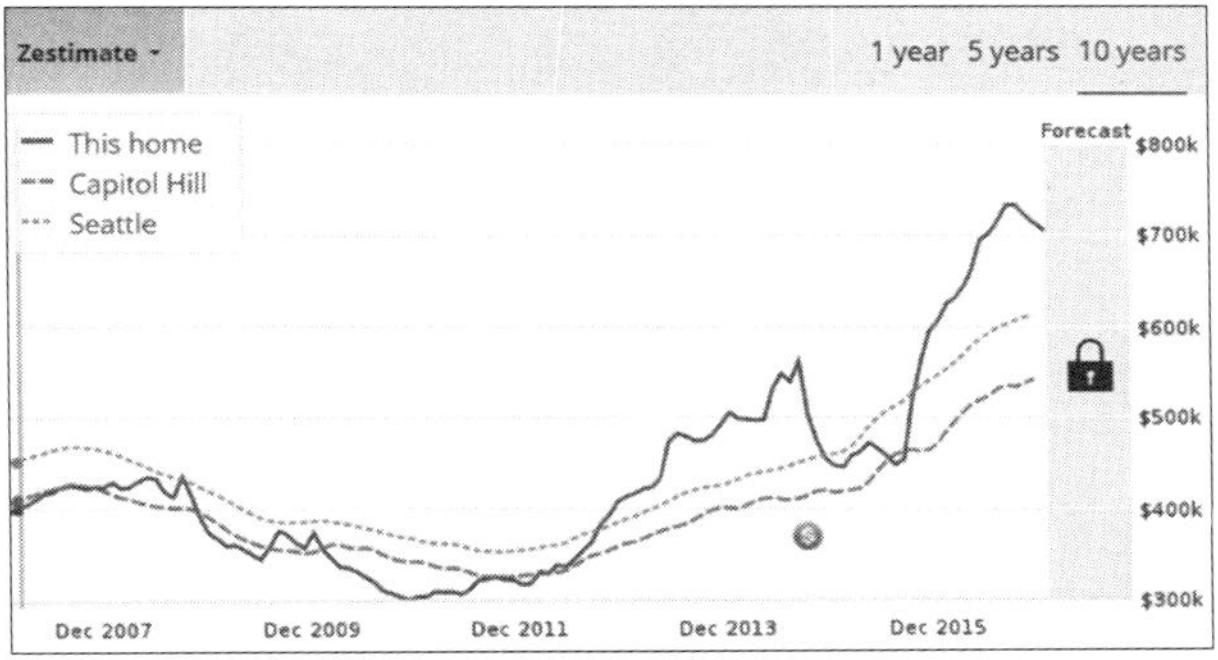

（出所）米国の物件検索サイト「Zillow」

用されると、何が起きるのでしょうか。データベースが整備されている米国の例を見てみましょう。

図表15は、米国の物件検索サイト「Zillow」の、ある物件情報ページの一部をキャプチャーしたものです。本物件の相場価格は現在いくらなのか、3年前、5年前、10年前の価格はいくらだったかが株価推移のように表示されています。また、この物件の周辺地域の価格推移をはじめ、不動産にまつわるあらゆる情報を一定のアルゴリズムの下に加工し、推定される現在価格を弾き出しています。

推定価格があるのは販売中の物件だけではありません。居住中の家や売り出していない空き家な

図表16　すべての物件に推定価格が示される

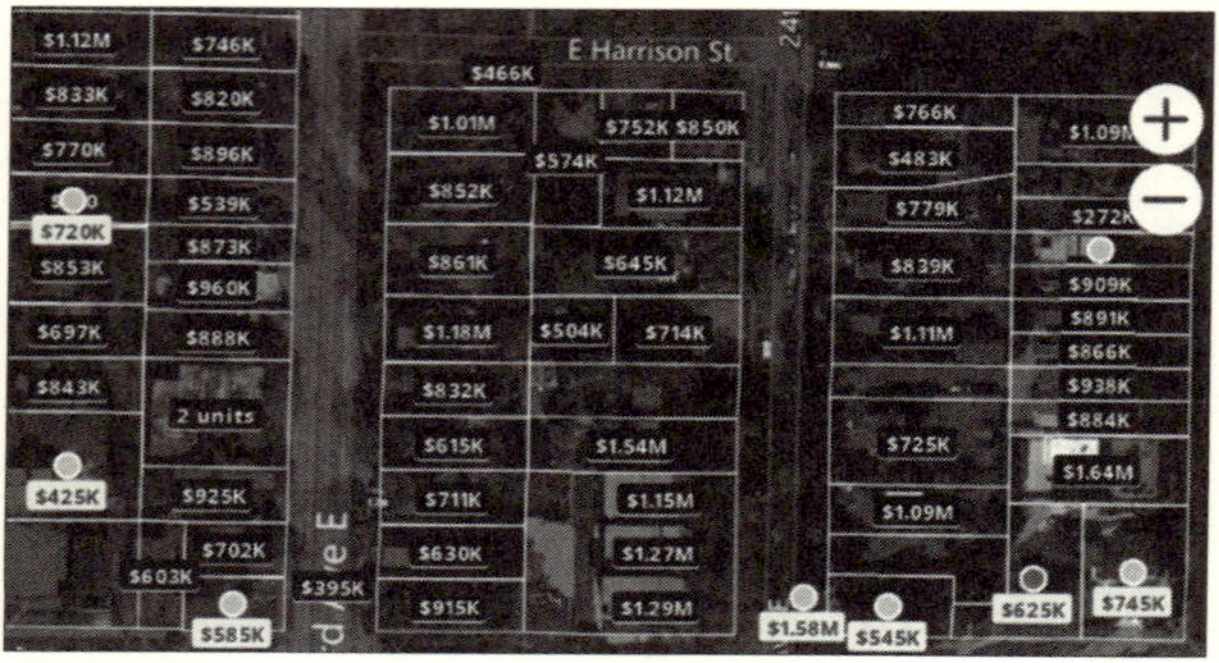

（出所）米国の物件検索サイト「Zillow」

ど、現存するすべての不動産に推定価格が算出されています（図表16）。

しかし、必ずしも売り主と買い主はこの推定価格通りに売買を行うわけではありません。前述した通り、不動産の売買価格は株価などと異なり、あくまで売り主・買い主双方の個別の事情・状況を色濃く反映した個別の相対取引だからです。

それでも、こうした推定価格が示されていることによって、売り主も買い主も不動産仲介エージェントも、これを標準あるいは参考としながら取引を行うことができます。

日本でも昨今、金融業界における「フィンテック」に続いて、「不動産テック」（Real Estate Tech）とも呼ばれる不動産テクノロジーが生まれています。不動産テックとは、テクノロジーの力で、不動産売買や賃貸の新しい仕組みを生み出したり、従来の商慣習を変えようという取り組みのことです。こうした流れから、複数の「推定価格」を表示する不動産サイトも増えています

しかし、日本で行われているこうした取り組みには限界があります。というのは、日本で行う価格推定の根拠となるのは、国の成約価格情報を利用してはいるものの、全体の一部に過ぎず、主にインターネット上に出ている物件情報をロボットでクロールしてかき集めたものだからです。つまり、もともと不透明な価格情報を加工しているに過ぎません。さらに売買物件情報については、はたしていくらで成約になるのかもわからないのです。これではおのずと限界があるのも自明です。

不動産総合データベースが本格稼働すれば、こうした課題も解消されます。データベースを利用できるのは、当初は宅建業者だけの予定ですが、国土交通省は民間への情報公開を見据えています。

ただし、ここに入力されていない情報が一つあります。それは「建物のコンディション」情報です。

例えば、物件Aは今、チョロチョロと雨漏りをしています。物件Bはそろそろ屋根・外壁の修繕が必要になっています。

このような建物のコンディションは、「ホームインスペクション」（住宅診断）によって調べることができます。これにより、不動産に関する情報は限りなく透明化し、「中古住宅はよくわからないから不安」といった現状から抜け出すことが可能になります。

中古一戸建ての評価が様変わりする

国土交通省は中古一戸建ての評価手法を根本的に見直そうとしています。これまでのように20～25年で建物の価値をゼロとみなす慣行を改め、築年数と関係なく、実際上の価値を測る、30年、40年と築年数が経過しても、一定の住宅については、しかるべき評価が行われる市場をつくることをめざしています。

米国では住宅投資に見合うだけの資産額が蓄積しています。この資産額はもちろん米国国民のものです。住宅投資をした分、各家計に資産が積み上がっています（図表17）。

ところが、わが国では投資累計を５００兆円も下回る住宅ストックしか積み上がっていま

図表17　米国の住宅投資額累計と住宅資産額

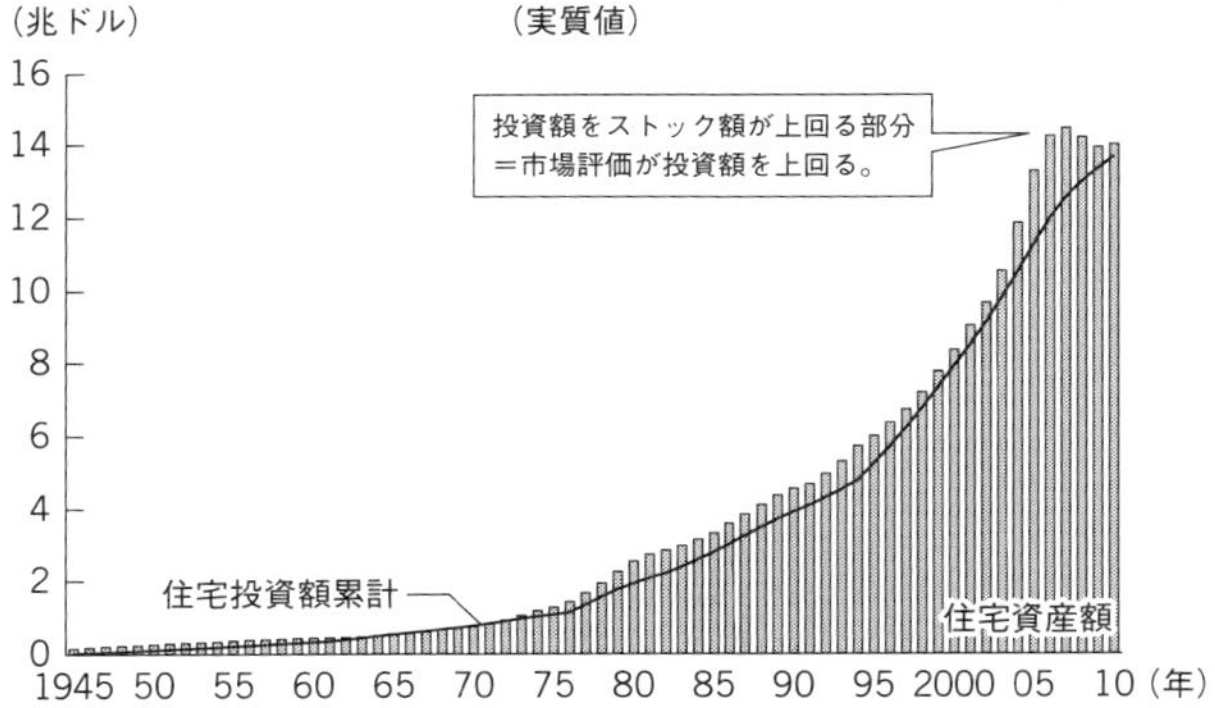

（出所）国土交通省

せん（図表18）。文字通り５００兆円をドブに捨てた格好です。住宅投資をしても国民はまったく豊かになっていません。住宅・不動産業界では、このことを「５００兆円問題」と呼んでいます。日本には手を加えれば、再評価できる中古住宅が山のようにあります。

では、中古住宅の「実際上の価値」は、どのように算出するのでしょうか。米国ではこの実際上の価値を「経済的残存耐用年数（Remaining Economic life）」を割り出すことによって算出しています。

図表19を参照下さい。「物理的総耐用年数」の上に「経済的総耐用年数」があります。経済的総耐用年数は一般的な木造住宅で60年程度にな

図表18　日本の住宅投資額累計と住宅資産額

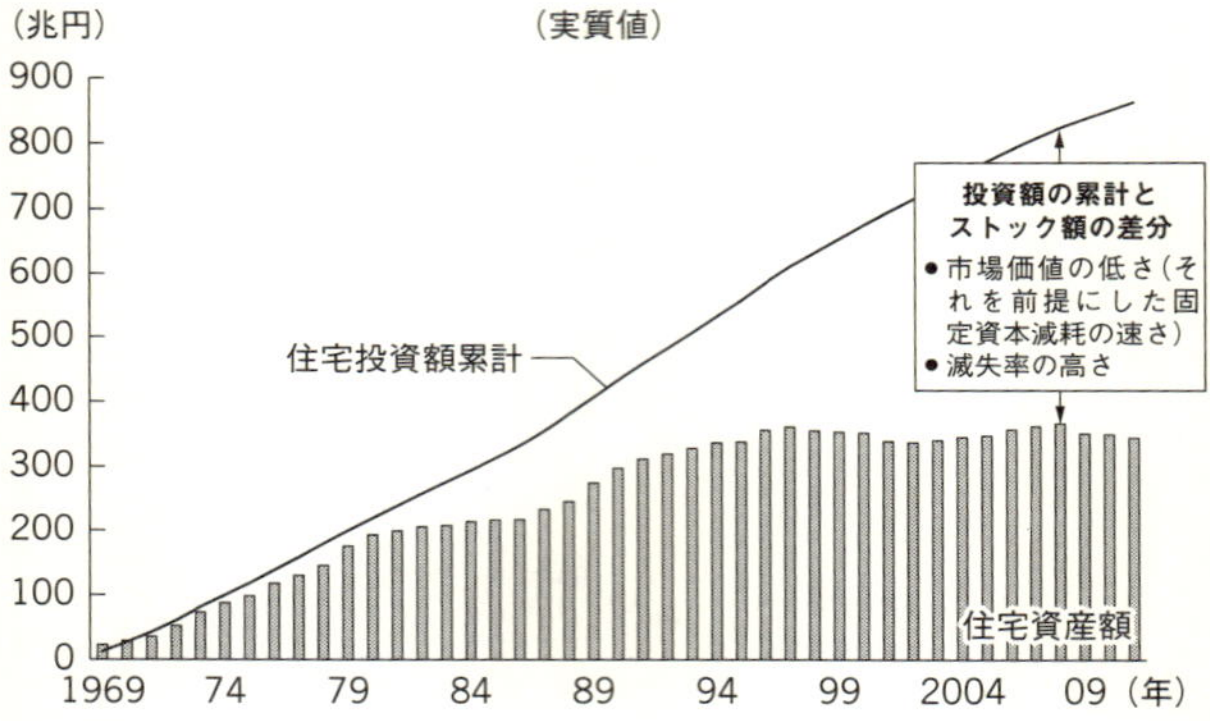

(出所) 国土交通省

図表19　米国における戸建て住宅の鑑定評価・耐用年数の考え方

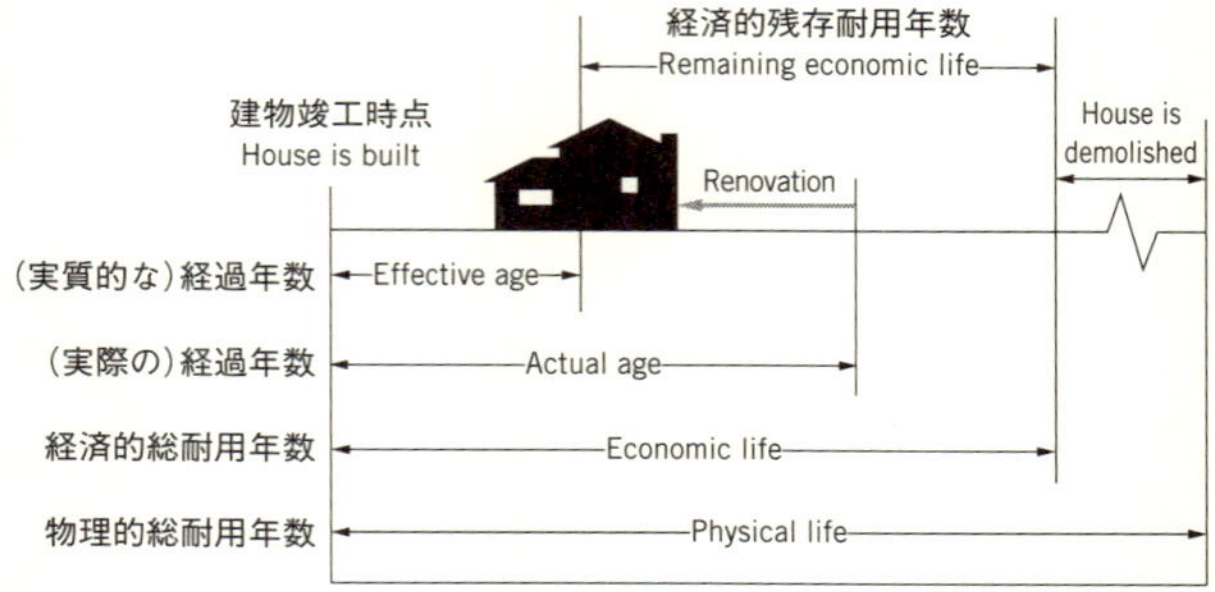

(資料) Appraisal Institute「Appraising Residential Properties」14版
(出所) 青山リアルティー・アドバイザーズ提供資料を加筆・修正

る見込みですが、建物のコンディションなどについてアプレイザー（評価員）が把握し、「実際の経過年数」に対する「実質的な経過年数」を決定します。すると「経済的残存耐用年数」が出てきます。これが「事実上の価値」の基礎となります。

木造住宅の経済的残存耐用年数を60年と決めた場合、例えば築30年の中古住宅なら「経済的残存耐用年数は30年。しかし、この住宅は事実上築20年。したがって経済的残存耐用年数は40年」というように考えます。

こうした査定手法が一般的になると、築20年の建物の質が良くない住宅より、築40年の質の良い住宅のほうが、評価が高くなる可能性も出てきます。

マンションの場合は「管理の質」も指標化する必要があります。現実問題として、建物の寿命はもちろん、修繕にかけるコストや、住み心地に至るまで、マンション管理組合の運営状態がもたらす影響は計り知れません。

しかし、現状の中古マンション売買の現場では、マンション管理組合の動向を把握することは容易でありません。事前に把握できるのは、重要事項説明書に記載する必要がある「大規模修繕の有無とその予定」「修繕積立金の額」くらいです。

管理組合の議事録などが閲覧できるとよいのですが、「所有者（管理組合員）にしか見せられない」といった対応をとるマンションがいまだに多いのが実情です。マンションの管理状態について、公覧や第三者評価を義務付けるくらいのことをしなければ、適切な評価はおぼつかないでしょう。

マンションの管理状況の情報がどのように扱われるのかは明確ではありません。しかし、情報公開されているマンションについては高い評価がつき、そうでないものは大幅な減点となるなどの調整が行われるはずです。米国では長期修繕計画をはじめ管理組合の運営状況について、買い主はもちろん、住宅ローンを出す金融機関もチェックしています。

ところで、こうした情報を使って中古住宅の評価を行うのは誰なのでしょうか。

不動産価格は不動産仲介の担当者ではなく、買い主の評価によって決まります。それはとりも直さず「金融的に高く評価される」ことが条件です。ほとんどの買い主は住宅ローンを組んで中古住宅を購入します。低金利で長い期間の住宅ローンを借りることができる中古住宅なら、毎月の支払いを低く抑えることができますから、その分高く買っても構わないことになります。そしてこの流れを受け、不動産仲介担当が価格を評価するという順序になります。

高く評価される住宅とは

①履歴

中古住宅市場では、建物の評価を適正に行うための市場整備が着々と進み、価値のある建物とそうでない建物との選別が始まっています。

では、近未来の住宅市場では、高く評価される住宅の条件とはどのようなものでしょうか。

まず「各種書類が整備されていること」が大前提です。書類がなければ適正な評価の土台に乗りません。とくに竣工図書（設計図書、図表20）は必須です。竣工図

図表20　竣工図書の一部

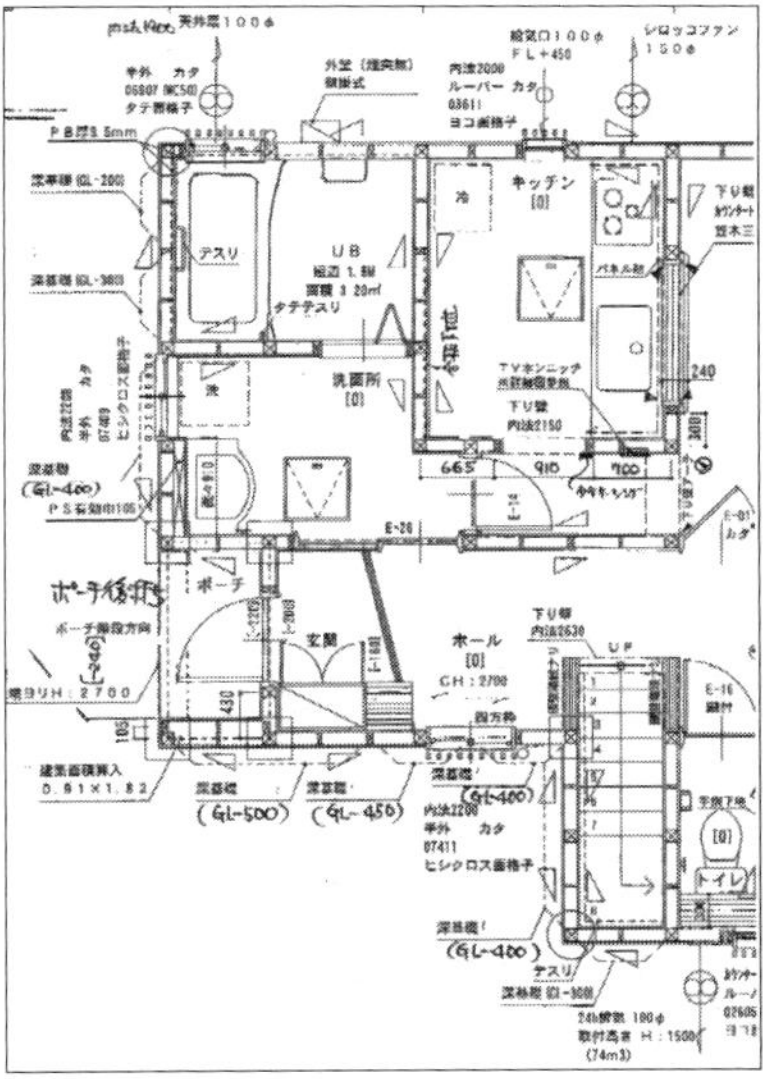

書とは、間取り図（平面図）だけでなく、立面図、断面図、矩形《かなばかり》図をはじめ、工事の際に施工者が参照する詳細書類のことです。これらは中古住宅を評価する際の基となる書類です。「一般社団法人　住宅履歴情報蓄積・活用推進協議会」では、住宅履歴情報サービスの基本指針の策定、共通の業務ツールの整備を行っています。データの通称を「いえかるて」と呼んでいます。

現実には、新築時の竣工図書を保有しているケースは意外と少なく、筆者が携わっているさくら事務所の現場実感では、およそ半数の売り主は竣工図書を保管していません。その理由は「紛失した」「施工者から譲り受けていない」などさまざまです。

また竣工図書を保管していても、実際の建物と異なっているケースがよくあります。新築途中で変更工事を行った場合などです。配管や配線などは工事中に変更となることも多いのですが、変更箇所については図面の差し替えを行うべきなのに怠っています。

すでに住宅を所有している方は、まず竣工図書を探しましょう。見つからなければ施工者に問い合わせましょう。これから住宅を買う人は竣工図書の有無を確認してください。見つからない場合には、有償で建築士などの専門家に作成してもらうこともできますが、詳細図の作成には限界があることも知っておきましょう。

竣工図書はリフォームなどの際にも必須です。例えば間取りの変更を行う際、竣工図書があれば、耐震面で重要な壁がどこにあるか一目瞭然です。またキッチンや給湯器が故障した場合、部品交換の情報などが簡単に入手できます。

修繕やリフォームを行ったら、図面や契約書類、ホームインスペクションを行ったら、その報告書なども必ず保管しましょう。新たな住宅情報データベースには、もちろんこれらの情報がひもづけられます。

②点検とメンテナンス

「中古住宅はよくわからない、こわい。だから新築が安心」という感覚をお持ちの方も多いでしょう。しかし、中古住宅も最初は新築でした。経年劣化するのは新築も中古も同じで、建物の宿命です。

中古住宅は経済学でいう典型的な「レモン市場」です。市場で売っているレモン。見た目はきれいでも、中身が腐っているレモン、スカスカのレモンも混ざっています。どれを買ったら良いのか見分けがつきません。したがってどのレモンも信用できず、市場全体の価値を下げざるを得ないといった状態を、「レモン市場」と呼びます。

新築住宅を買う際には、各種の税制優遇や住宅ローン金利・期間の優遇を受けながら、価格が最大のところで購入します。ところが、買って住んだ瞬間から「中古住宅」の認定を受け、直後に建物価値は20％程度低下、10年で半値、25年程度でゼロと、時間が経過するごとに大きく下落していきます。新築住宅を販売する産業側・業界側が最大限の利益を取り、ユーザー（国民）が譲り受けたとたん、その価値は著しく下落していく構図です。

この構図を解消するには、所有者は「適切に点検・メンテナンスを行っている」という宣言をする必要があります。建物は時間の経過に従い、当然劣化します。劣化を放置していれば、さらなる劣化を招く元凶になります。雨漏りや水漏れなどの問題が発生してから補修を行う対症療法より、未然に防止するほうがコストも低くなるし、建物の寿命も伸びます。こうした建物の状況が中古住宅市場の評価につながっていきます。

メンテナンスを行ううえで、「点検口の有無」は重要です。一戸建てなら床下と天井裏、マンションの場合は配管が通っているＰＳ（パイプスペース）などに点検口がありますか。

今どきこれらがついていない住宅を提案する業者は、メンテナンスの意識が足りず、時代遅れと断言していいでしょう。

もし私ならば、そういった業者の物件は買いません。中古住宅を購入する場合、点検口がないケースも多いので、近隣の工務店などに依頼して設置してもらいましょう。費用は数万円です。雨漏りや水漏れの放置による損害と比べれば安いものです。

世の中、本当に「もったいない住宅」ばかりです。年に1回、建物を一通り点検しておくだけで、防げたろう水漏れなどの損害によって、売れなくなったり、補修で無駄にお金がかかったりするケースがいかに多いかを知ってほしいと思います。

新たな住宅データベースには、「点検・メンテナンス履歴」も盛り込まれ、金融機関や不動産仲介会社の評価項目にも加えられる見込みです。

米国のいくつかの州では、点検や修繕を行った旨の書類や記録を、所有者が積極的にデータベースに登録します。所有者には登録による住宅価値の維持・上昇期待というモチベーションがあるからです。日本もこうした状況を目指し、データベース整備が進んでいます。

③建物の形状

複雑な形状の建物は必然的に角《かど》や隅《すみ》の部分が多くなるため、その分だけ雨漏りの可能性が増えることになります。例えば外壁の大規模修繕などを行う場合、足場をたくさん組む必要が生じます。修繕費の内訳をみると、半分以上がこの足場代で、複雑な形状の建物はコストもかさみます。

望ましいのは「直方体」など極力シンプルな建物です。デザイナーズ住宅などといって売りに出されていても、メンテナンスしにくかったり、修繕費用が余計にかかるのでは無意味です。

④素材

もう一つ大事なのが、建物に使われている「素材」です。メンテナンス期間が長い素材や仕様であるかが重要です。キッチンなどの設備はなるべく汎用性の高いものが望まれます。部品などが破損した場合「海外から取り寄せるために○カ月かかります」では不便極まりないうえ、コストも高くつきます。

⑤省エネ性

日本では、住宅の省エネ性能に関して義務化された基準がありません。先進国では珍しいことで、だから断熱材のない、コンクリート打ちっぱなしの住宅でも建てることが可能です。

その代わり、我が国には任意基準である「次世代省エネルギー基準」があります。ネーミングを見ると、なにやら時代を先取りした基準のように聞こえますが、何のことはない、18年前に制定された基準です。多くの先進国はこれよりはるかに高い基準を義務化しています。

遅ればせながら、日本でも2020年にすべての新築住宅について一定の省エネ基準が義務付けられることになっています。その基準はまだ決まっていませんが、世界のトレンドはエネルギーを極力使わない「省エネ」であり、この流れに日本も追随していくこととなるでしょう。

そうなれば、省エネ性の高い住宅は住宅ローン金利や各種税制で優遇されることとなり、資産性も保たれやすくなります。もちろん、光熱費は抑制でき、ランニングコストは低くなり、結露などの不具合も起きにくいので、建物の寿命も延びます。

例えばドイツでは、持ち家でも賃貸でも、日中の室温が19度以下になる住宅は認められません。理由は「基本的人権を損なうから」。元ドイツ国土交通省の持続可能な建築部部長、事務次官のハンス＝ディーター・ヘグナー氏によれば、こうした住宅は、賃貸人に裁判を起こされたら買い主は負けるだろうとのことです。また、中古住宅を売り出す際には、住宅が消費する年間エネルギー量を表示しないと売ることはできません。税金や住宅ローンは、省エネ性能が高いほど優遇されており、ゆえに資産価格にも当然差がつきます。

こうしたドイツの住宅の省エネ政策は世界的に注目されています。各国から視察団が訪れ、住宅の省エネ性能を極める方向に変わりつつあります。

経済が成熟し、人口は減少、住宅が大幅に余る日本は、中古住宅・リフォーム推進へと大きく舵を切っています。また、原子力や化石燃料依存を減らすためには、日本の住宅にも高い省エネ性能が求められます。今後、住宅ローン金利や期間の支援、補助金や税制によって、省エネ性能の高い住宅が優遇されていくことは必至です。おのずと資産価格にも大きな違いが出てくるでしょう。

具体的には、外壁やサッシの交換など省エネのリフォームを行う際には、現在でも国や都道府県などの補助金や税制上の優遇制度があります。

リフォーム・リノベーション済みの住宅を買う場合には、断熱材の新設など省エネ改修を行ったかどうかを確認したいところです。とあるリノベーション済みの中古マンションを買った方が、入居直後からひどい結露に悩まされていました。それは外部に面するコンクリート壁に断熱リフォームが行われていなかったのが原因でした。見えない部分のコストは省かれる傾向にあります。業界には「断熱材や上下水道の配管や電気配線など、見えない部分の工事をちゃんとしていたら、他の買い取り会社に仕入れ値で負けてしまう」といった論理が横行しています。

中古マンションには、新築時から断熱工事が行われていなかった物件や、発泡性のウレタンフォームが消えている物件があります。コンクリートむき出しの部屋と断熱材で囲まれている部屋とでは、結露などの問題はもちろん、光熱費にも大きな差が出てきます。

EUでは「エネルギーパス」が義務化されています。エネルギーパスとは、いわば「建物の燃費」を表示する証明書のことで、どんな構造の建物でも、一目でエネルギー消費量が比較できる制度です。自動車の燃費が表示されているのと同じで、買う際や借りる際に、住宅にいくらの光熱費がかかるかわかるようになっています。

エネルギーパスは、一年間を通して快適な室内温度を保つために必要な、床面積1平方メートル当たりのエネルギー（KW時）を数値化して表示します。2008年、ドイツにおいて年間エネルギー消費量とCO^2の排出量の表示を義務付ける制度がスタートしました。09年度以降はEU各国でも採用されました。日本でも「一般社団法人日本エネルギーパス協会」が12年4月から日本版の認証制度を開始しました。

これは、熱の逃げにくさを表すQ値（熱損失係数）や、建物の隙間を表すC値（相当隙間面積）など、一般にはわかりにくかった従来の省エネ基準表示を、だれでもわかるように「光熱費の目安」として金額で表示する認証です。

これらはすべて「耐震基準を満たしていること」が前提であることを踏まえておいてください。耐震性のない建物は、そもそも評価の土台にすらのぼらないでしょう。

第4章
マンションは「駅7分以内」しか買うな

大手による供給調整が進む

2012年の自民党への政権交代以降、不動産市場は都心部の新築・中古マンションをけん引役として好調を維持し、価格上昇を続けてきましたが、15年夏のチャイナショックを契機に15年後半から、都心部のマンション市場はさえない状況が続いています。トランプ氏が米国大統領に就任した17年、不動産市場はどのように推移するでしょうか。本章ではマンションについて考えてみます。

リーマン・ショック前と異なり、現在では大手による市場の寡占化が進んでいます。マンションの事業規模が立地厳選、タワー化、大型化が進んだことで大きくなり、中小規模のデベロッパーは手を出しにくくなったことが理由の一つです。

また中小デベロッパーはリーマン・ショック時の反省から、中古マンション再生や仲介、介護事業などに事業ポートフォリオを多角分散させており、以前に比してかなり慎重な経営姿勢を見せています。

新規発売戸数が少ないのは、市場動向を窺いつつ、体力のある大手が供給調整を行っているというのが実態です。こうした弾力性のある市場は、世界的な経済・金融危機や大規模な災害でも起きない限り、大きく崩れることはないでしょう。

タワーマンションを活用した行き過ぎた節税に関し、20階建て以上のマンションについて固定資産税を見直す17年度税制改正大綱を、政府は閣議決定しました。現時点ではタワマンの相続税評価額は見直しの対象になっていませんが、いずれは相続税の引き上げも行われるとみられます。ただ、これまでの政府案を見れば、その見直し幅は軽微なものと想定できるので、相続税節税についてタワマンの相対的優位は変わらず、このことによる需要減は起きないでしょう。

トランプ当選以降、為替は大幅に円安へと振れ、しぼみかかっていたインバウンド需要にも追い風です。トランプが公約として掲げていた大幅減税や大規模なインフラ投資が実際にどの程度行われるのか不透明ではあるものの、米国経済もしばらくは好調を維持しそうです。

日本経済も円安・株高基調なら景気に追い風、国内不動産市場も同様です。17年の新築マンション市場は供給調整で積み上がった在庫を販売しつつ、新規発売戸数は３万戸台中盤程度で推移するでしょう。

価格については、都心部などの好立地では用地取得競争が激しく、高値圏で取引される状況が続きそうです。ＲＣ造の資材価格は高止まっており、価格は今後横ばいか、やや下落するといった程度と思われます。郊外でのマンション分譲を困難にしていた資材価格の高止まりが解消されれば、都心部より郊外・地方都市で供給増の可能性があります。

都心の中古マンションは今が底値圏か

序章でも触れたとおり、都心部の中古マンション市場と日経平均株価には強い連関があります。15年前半は軟調だった日経平均株価に対し、高止まりしていたかに見えた都心中古マンション市場ですが、トランプ当選以降は株式市場が上昇基調になったことで、株価との乖《かい》離《り》は是正されてきました。

新築マンション市場同様、15年後半から積み上げてきた在庫消化が確認できれば、都心部の中古マンション市場は再び上がり始めると思われます。今は直近の底値圏と考えられます。

首都圏の中古マンション市場は、上昇基調が続いています。東日本不動産流通機構（東京・千代田区）によれば、16年の首都圏中古マンション市場は成約数が3万7１８9戸と、初めて新築マンションの契約戸数を上回りました。高くなりすぎた新築マンションに比べて割安感から人気を集めています。

また、新築の絶対数が少ないことから、マンション探しの場面では必然的に中古が選択肢に入っているようです。このように中古市場の流通が活性化する流れは、住宅総量をコントロールし、結果として新築割合が相対的に少なくなっている欧米諸国において、中古の価値が維持されるか上昇するのと同じ構図です。

ただし注意したいのは、こうしたデータに現れない現象です。成約できているのは「駅近」が中心です。駅から遠い物件は売りに出しても成約しづらいか、できない状況になっていることが容易に想像できます。このことが成約価格全体を押し上げている側面もありそうです。

少子化・高齢化、人口減少という大きな流れのなかで、今後は価格が上昇ないしは維持される物件と、下落し続ける物件とのコントラストがますますはっきりするでしょう。市場が求めているマンションと駅の距離は、近年どんどん短くなっています。

売買・賃貸とも、5年前は「駅徒歩10分」で良かったのですが、昨今は「駅徒歩7分」が目安です。7分を超えると、極端に買い手が少なくなります。新築マンションデベロッパーも、昨今は徒歩7分を超える用地仕入れには非常に慎重です。

「マンションは管理を買え」は本当か

マンションに住む日本国民はおよそ1400万人で、一般的な都市部のマンション世帯比率は20％程度です。東京は約25％で、都心3区（中央・千代田・港）に限れば、全世帯の50％がマンション暮らしです。都心部の基礎自治体の議員選挙で「マンション党」を立ちあげて、管理や建て替えなどの課題に取り組む政策を打ち出せば、ある程度の支持を集めそうな一大勢力となりました。

我が国にあるマンションの戸数は623万戸（2015年末時点）で、うち築30年のマンションは、100万戸を超えています。これが、16年には173万戸、31年には406万戸と、現在とは全く異なる社会がやってきます。ドラッカー風に言えば、「すでに起こった未来」です。

中古マンションを見る場合に、最も重要なことの一つは、「マンション全体の管理状態」です。専有部（居住部分）に限らず、外壁や屋上、玄関や廊下、階段、エレベーターやゴミ置き場などの共用部も含めた、ハードとしての建物全体、そして管理組合運営といったソフト面を意識しておくことが必要です。

まずはハード面を説明します。築年数が経過し建物が老朽化すると、様々な課題が露呈します。まずマンションは最初にコンクリートがダメになるのではありません。給排水設備の老朽化が建物の寿命を縮めます。給排水設備の劣化等がもたらす水漏れがコンクリートの中の鉄筋を腐食させ、膨張した鉄筋がコンクリートを押し出す、いわゆる「爆裂現象」が起き、老朽化が進行します。人間にあてはめれば、血管などの「循環器系」がダメになっていきます。

コンクリート自体は、施工から50年程度をかけて強度を増し、その後緩やかに劣化します。ただし、それは外部からの影響を全く受けない前提、つまり風雨にさらされない環境下でのことです。この傾向に近づけるためには、しかるべき点検や修繕を定期的に行う必要があります。

専有部の配管は各所有者の手で行えばよいのですが、共用の配管はどうするのでしょうか。こうしたことについての意思決定は、所有者で構成する「マンション管理組合」が担い、組合員は積み立てた修繕積立金を使って、話し合いをし、進めていく必要があります。修繕積立金が足りず補修が遅れたり、補修をしなければ、建物の寿命を縮めることになります。

居住者の高齢化で管理組合運営が困難に

次にソフト面です。建物が高齢化すると同時に居住者も年を取っていきます。このことは管理組合の運営に支障をきたす要因になります。高齢化が進むとどうしても組合運営への参加度合いは限定的になるし、管理費の滞納も起きやすくなります。

また、孤独死などの深刻な問題が浮上します。先日、私の住む東京・渋谷区のマンションに隣接する築47年のマンションでも、孤独死が見つかりました。部屋から異臭がして発覚したのですが、死後1週間経過していました。東京都心のど真ん中でこうしたことが起きています。

また、耐震性の確保など災害時における対策も急務ですが、手間やお金のかかることには、マンション全体として行動を起こしづらいという傾向があります。

このようなマンション管理に関わるさまざまな課題を調べずに、中古マンションを購入するのは大きなリスクです。マンション購入後、所有者となるあなたは、自動的に管理組合の構成員となり、マンションという財産を共同で管理していかねばなりません。

うまく機能すれば規模のメリットが働きますが、逆に何らかの理由でうまく機能しない場合、にっちもさっちもいかなくなる状況になるかもしれません。現実には後者のようなマンションがたくさんあることを知っておくべきです。

「マンションは管理が大事」というフレーズは、ずいぶん前から言われながら、なかなか浸透してきませんでしたが、ようやく都市住民の大きな関心事になりつつあります。

マンション管理において、管理会社は業務委託先にすぎず、主体はあくまで所有者で構成する管理組合です。ところが、「マンション管理は管理会社がやってくれるもの」と思い込んでいる人がいまだに多いのが実情です。

このことについて、管理会社の側も困っているところがあります。建物の修繕が必要な時期になって修繕の提案を示しても、管理組合の合意が取れず進まないと、結果としてマンションの劣化が進み、資産性が落ちていくのをただ見ているしかなくなります。

もっとも、多くのマンション管理会社は、親会社であるマンションデベロッパーから管理業務を引き継ぐ形で受託していますから、親会社による説明不足のツケが回っているともいえます。そもそも新築マンションを販売する際に、マンション管理の丁寧な説明を行っているところは少ないからです。

うまくいっているところは少数派

良好な管理組合運営が行われているマンションは少数派です。マンション管理組合の名称を「マンション資産管理組合」とか「財産管理組合」と変更したほうがいいかもしれません。なぜなら管理組合の重要な役割の一つは、共有資産を保全することだからです。

さくら事務所ではマンション管理組合向けのコンサルティングを行っていますが、ユーザーは比較的意識の高い組合が多い傾向にあります。しっかりした組合運営が行われているところは核となるキーパーソンが数名います。こういった方が数名いると、なんとか回っていくものです。

そうでない場合は、マンション全体のためと思って孤軍奮闘している理事が、「管理会社と癒着しているのではないか」「暴走して好き勝手なことをやっているのではないか」などと変に勘ぐられ、怪文書が出回ってマンションに居づらくなったり、住めなくなって引っ越してしまうなど、本末転倒な事態に陥ることもあります。あるマンションでは、管理組合内がいくつかの派閥に分かれ、それぞれ修繕の有無や建て替え論議などで分裂・対立してしまいました。

こうした事態は、メディアの取材対象になりにくいので社会問題としてなかなか注目されません。しかし、こうした問題を抱えたマンションが現実に数多くあることを知っておいてください。

また、所有者の大半がマンション管理に無関心で、特定の人物が何十年も理事長を務めているケースでは、管理会社と癒着が起き、大規模な工事が行われるたび、理事長にリベートが支払われているといったケースも発覚しています。マンション管理への無関心や他所有者への依存は、こうした犯罪の温床にもなります。

公益財団法人マンション管理センターの元主席研究員・廣田信子氏は、国交省が主催する検討会で以下のように述べています。

「当センターに相談を寄せられる約1万件の中に、内部紛争に関する相談がどれだけあるか拾い出したことがあります。単なる相談というより、内部の深刻な対立に伴うものが、7％ほどありました。

その中には、区分所有者と理事会との対立、根深いものとしては、理事長と理事の間で、理事長の解任合戦をしている事例や、同じマンションの中で、住宅と店舗が全く相容れず、一つの理事会が成り立たない事例、理事会と修繕委員会が対立をして、にっちもさっちもいかない状況になるなど、内部対立が原因で、マンションの管理ができないという事例もあります。

人間関係の根深い対立は、すぐ訴訟になります。理事長になったら裁判の被告にされてしまったとか、怪文書を撒かれたとか、家族まで嫌がらせをされたとか、深刻な相談事も寄せられています。

バブルのころに建て替えの案が出て、建て替えか修繕か、コンサルをどこにするかで揉める例もありました。建て替え計画がつぶれたあとも、その後遺症で、さまざまな思惑が錯綜し、業者とだれがつるんでいるとか、だれとだれが暗躍しているとか、いくつも派閥ができて、大規模修繕工事ができなくなってしまったマンションもありました」

（「第2回マンションの新たな管理ルールに関する検討会」要約）

現実問題としてすべてのマンションが整然と維持管理されることはありえません。一部スラム化してしまうところも出てくるでしょう。建て替えたいと思ってもなかなか進まないというすでに起きている事態も、これから大きな社会問題として浮かび上がってくるでしょう。

管理組合の運営に第三者を介在させよう

こうした事態を踏まえ、国土交通省は2012年1月から「マンションの新たな管理ルールに関する検討会」を開催し、「マンション管理の専門家を活用する可能性」「第三者による適正な管理実施を担保するための業務運営の枠組みづくり」などを議論してきました。

これは簡単にいえば、住民の高齢化や無関心から機能不全のマンション管理組合について、コンサルタントをはじめとした専門家をどう活用するか、第三者を活用する際にどのような課題があるかなどの論点を整理、マンション管理の新たな方向性を見出そうというものです。

管理方式という技術論はもちろん大事であり、早急な制度整備が望まれますが、マンション管理の責任は一義的には所有者であるマンション管理組合にあります。管理組合を「社会に不可欠な機能」として捉え直すことが、課題解決の前提です。

マンション管理は、自分たちが主体的に行うにせよ、専門家に任せるにせよ、組合に「時間＋能力＋やる気」があるか、もしくは「お金」があるか、いずれかを満たさないと成立しません。

そのうえで、管理組合の運営に第三者を介在させることを、強くお勧めします。そもそも管理組合の運営にはさまざまな知識が必要です。例えば建物の大規模修繕について見積もりを受け取ったとき、見積額が妥当なのか、そもそも今やるべきことなのかなどについて判断するには建築専門知識がなければ難しいでしょう。また修繕積立金の滞納や、賃貸人がトラブルを起こした際の対応などには、法的な知識が求められます。

ある程度の規模のマンションになると、修繕積立金は億単位になります。こうした資金の扱い、財務指標の見方や資金計画の立て方などには会計の知識が欠かせません。こうしたノウハウを持つ方がたまたま管理組合の中にいればいいですが、そうでない場合、必要に応じ専門家の知識や経験を活用することが非常に有用です。

例えば、会社経営者が理事として活躍している管理組合は非常に強かったりします。あるマンションでは理事長に経営コンサルティングを職業とする方が就任し、大変うまく組合をまとめていらっしゃいます。

一方で、そもそも理事のなり手がいないなど、切迫した管理組合もあります。こうした組合を上手に回すためには、外部人材の登用が不可欠です。すでに理事を外部から招聘するスタイルをとっているマンションも存在します。

こうしたケースでは、理事に議決権を持たせるケースと持たせないケースの両方がありますが、外部の知恵を活用する場合でも、理事になった専門家や管理会社の社員が議決権を持つことについては、慎重にしたほうがいいと思います。

外部人材の理事登用は利益相反を生まないように、あくまで議決権のないスタイルとして、第三者性・客観性を保てるかたちにとどめておくのが賢明です。

イタリアやフランスのマンション管理組合では、所有者で構成する「理事会」と「管理者」とを分けています。理事会は監査機関的な役割を担い、執行機関としての管理者の業務を監督・監査するといったイメージです。この管理者の中にフランスでは8割、イタリアでは4

割程度の外部専門家がいます。国土交通省はこういった、イタリアやフランスのモデルを模索しているようです。しかし、マンション業界では疑問視する声も出ており、検討会の議論は中断状態で、先行きは不透明です。

中古マンションの世界は、こうした段階にあるということを踏まえておきましょう。

マンションの防災力で二極化

東日本大震災以降、地震・災害対策に取り組むマンション管理組合が増えています。

例えばエントランスや集会室などを棟内避難所として想定し、発電機を購入して照明や空調が確保できるよう準備したり、屋外・屋内の階段にＬＥＤの足元灯や携帯電話の充電機能を確保している例があります。

その他にもエレベーター内の防災用品、マンホールトイレ、浄水装置、救助用具、救急用品などを完備するケースもあります。

受水槽のあるマンションでは、「地震で給水停止した場合、浴槽などでの汲み置きを禁止する」など、災害時における水利用の運用規則を策定しています。また、駐車場の空き区画を利用して、防災用品倉庫のスペースを確保しているところ、防災マニュアルの策定を管理業者や防災コンサルタントへ有償発注し、備えているところもあります。また、各フロアや2、3フロアごとに町内会的コミュニティを結成、お年寄りや子供を常に気にかけ、災害時に備えているマンションもあります。

かつて国家と個人の中間に農村共同体や企業がありました。今こうした中間組織が崩壊しつつあります。災害への備えは国や自治体だけで解決できる問題ではなく、中間組織としてのコミュニティをどう機能させるかが大切になってきます。マンションもこうしたコミュニティ機能を担うものという認識をもっと高める必要があります。

すなわち、マンションを選ぶということは、「どのコミュニティに入るか」ということなのです。そしてコミュニティに入ったら、ただ恩恵をうけるだけのお客であってはなりません。一人ひとりがコミュニティの一員として、コミットしていかなければなりません。

一方で、隣近所とのつきあいが嫌でマンションを選んだのだから、「お金を払うから解決してよ」と考える人もいると思います。都心の高級マンションなどではこうした住人も多いと思います。多額の管理費を払う代わりに、それに見合う最適な管理を管理会社に任せたいというニーズです。

9割のマンションは建て替えできない

どんなマンションもいつかは寿命が来て、建て替えを検討する時がやってきます。しかし、マンションの建て替えをしようとしても、さまざまな障壁があり、実際には建て替えは進みません。

これまでに行われたマンションの建て替え事例は、2016年4月1日時点で、準備中も合わせて252棟に過ぎません。

建て替え例の多くは「等価交換方式」に基づくものです。等価交換方式とは、居住者が所有している土地を出資、その土地にマンションデベロッパーが建物を建設、建物完成後に、居住者と不動産会社それぞれの出資比率に応じた割合で、土地建物を取得するという手法です。

建て替えを実現するためには、当然解体費や建設費を捻出しなければなりません。しかし、所有者が足並みを揃えて資金を出すのは、なかなか大変です。

この等価交換の手法は、建て替えをして建物をより大きくすることが前提です。余剰分を販売することにより、所有者の建て替え資金を捻出します。すなわち、これまで建て替えが成功したマンションはいずれも、余剰容積率を使ってより大きな建物を建て、新たな住宅を売って建て替え資金を捻出しました。

こうした手法は、マンションデベロッパーがリスクをとり事業を担う前提で初めて成立します。例えば立地に難があって余剰分を売却するのが難しいとデベロッパーが判断すれば、実現しません。

一方で、世の中にはたくさんの「既存不適格マンション」が存在します。簡単に言えば「建設当時は適法だったが、後の法改正で不適格となってしまったマンション」を指します。

例えば「建設時には容積率２００％だったが、現在は１００％になっている」例です。建て替えしようとしても、建物を小さくしなければならず、実現不可能です。１００平方メートルの部屋に住んでいる人が、建て替え後、50平方メートルになることを納得できるはずはありません。

そのほかマンションの建て替えには、さまざまな阻害要因があります。区分所有法では、

5分の4が賛成すれば、建て替え決議が可能になります。反対している人の権利を買い取る（売り渡し請求）ことも可能です。しかし、現実問題として、買い取り価格が吊り上がる、「ここで一生を終えるんだ」と言い張るお年寄りや建て替え費用を捻出できない人がいる、賃貸人が出ていかない（建物の老朽化を賃貸契約解消の正当事由としないという借地借家法が立ちはだかる）など、さまざまな理由から、建て替えはなかなか進みません。

そもそも、すべてのマンションを建て替える必要はない、という意見もあります。日本の住宅数はすでに飽和に達し、都市部においても空き家対策に本腰を入れなければならない局面に差し掛かるというのに、さらに建て替えを促進したらどうなるのかということです。

これはもっともな意見です。そもそもマンションが一度建った場所だからといって、マンションを建て替え続ける必要はありません。別の用途に転換される可能性を残すほうがむしろ自然です。ですから「マンションの建て替え問題」などと表現して、いかにもそれ以外に選択肢がないかのような考え方をやめ、別の選択肢をつくればいいのです。

建て替えばかりを前提とするから話が難しくなります。アメリカやドイツ、フランスでは、区分所有権を解消して建物を解体、土地を売却して終わりです。

国土交通省は「多数決による売却決議」を可能にしました。要するに建て替えではなく、建物を解体し土地を売却、その資金を所有者で山分けして終わり、ということです。現在は決議要件がないため、こうした措置には民法の原則に従い所有者全員の合意が必要です。しかし、これを多数決で行えるようにしようというわけです。

一定の賛成があれば、全員が区分所有権をまとめて売却するという選択肢を残すやり方は、日本の住宅市場の現状と未来を踏まえれば、バランスの取れた結果を生み出すのではないでしょうか。

現実的には、駅に近いなどの一部のマンションにだけ容積率のボーナスを与えて建て替えを促し、その他の老朽マンションは、管理組合を「解散」して建物を解体するようになるでしょう。

しかし、国がこうした方策を打ち出しても、結局はマンション所有者で構成するコミュニティで、粘り強く話し合いを行いながら、意思決定をする必要があることには変わりありません。したがって、建て替えや解散を行うマンションは、国がさまざまな方策を打ち出したとしても一部にとどまり、大半のマンションは建物や所有者の高齢化という現実に向き合いながら、建物の保全に努めていくことになると思います。

これから中古マンションの購入を検討するなら、まずはマンション管理組合の運営状況の確認が必須です。耐震診断や改修の実績はどうか、建物の修繕計画はどのようになっているか、修繕に必要な積立金はストックされているかなど、事前に確認すべきことはたくさんあります。さらには人口や世帯数が本格的に減少していく中でも所有・居住のニーズがあるのかどうか、容積率が余っているかどうか、建て替えの可能性があるのかどうかも把握しておきたいところです。

新築マンションを買ったら「アフターサービスを有効活用」

新築マンションを買って入居した後、建物の不具合が見つかったらどうしますか。「引き渡しから10年間は保証」といった説明を受けても安心してはいけません。なぜなら、その範囲は「主要構造部」「雨漏りを防止する部分」の2点に限られるからです。それ以外の多くの部位は2～5年などの期限を設けた「アフターサービス」の範囲で行われることになります。

マンションの10年保証は「品確法」(住宅の品質確保の促進等に関する法律)に基づく売り主事業者の義務です。しかし、アフターサービスは法に基づくものではなく、各事業者の任意で行われるため、その基準も具体的な対応も、それぞれ微妙に異なることに注意が必要です。いずれにしても、アフターサービスの期間内であれば、建物の不具合は無償で直してもらえます。具体的な保証内容は、売買契約関連書式に添付されている「アフターサービス規準書」といった書面に記載があるはずです。

この無償補修について、各住戸内のドア建具、キッチンや洗面、ユニットバスなどの設備について所有者が個別に補修の要望を出すことは多いのですが、外壁や屋根、地下ピット、廊下、階段、エレベーターなどの共用部分については、多くのマンションで無償補修サービスを活用しきれていません。

共用部分の「初期不良」にも目を向けよう

例えば外壁タイルの浮きや剝がれ、廊下・階段の壁や天井のひび割れ、バルコニーや屋上の排水不良などは2~5年程度で起こることが多いのですが、所有者は、共用部分については意識が疎かになりがちです。

また屋上や地下ピットなど、日常生活では立ち入ることのない部分に不具合があっても、発見が遅れることが多くなります。共用部分でひとたび不具合が起これば、莫大な補修費がかかることも珍しくありません。アフターサービス期間内であれば無償補修を受けられるところでも、期間が過ぎれば管理組合の負担、つまり所有者の修繕積立金から捻出しなければなりません。

一般に、マンションの長期修繕計画には、このようないわゆる「初期不良」の修繕費が見込まれていないため、突発的な修繕費の出費は管理組合の財政を大きく圧迫します。将来に向けて修繕積立金の値上げを計画している管理組合は多いですが、残念ながら支出を減らす工夫をしている管理組合は少ないのが実情です。

小さな劣化は補修も軽微で済みますが、時間を経るごとに劣化の深度・範囲が広がり、それだけ補修費もかさみます。早期に小さな劣化の芽を摘んでおくことも、支出を減らす工夫です。さくら事務所がお手伝いしたマンションでは、数千万円、大規模になると億単位かかる補修をアフターサービス期間内に無償で修繕してもらった事例が多数あります（図表21）。

図表21　マンション共有部分チェックの実例

地域	総戸数	調査時築年数	共有部分チェック費用	調査による主な指摘内容	もしアフターサービスを活用していなければ、将来この費用をかけて修繕していたかもしれない	推定補修費用
東京都江戸川区	約60戸	2年目	約60万円	●屋上防水部分のひび割れ ●外壁タイルの浮き、剥離 ●地下ピット内の鉄筋かぶり厚不足、コンクリートの空洞		1500万円以上
東京都世田谷区	約300戸	2年目	約250万円	●屋上防水の勾配不良 ●外壁タイルの浮き、ひび割れ ●バルコニー排水勾配不良、塗膜防水塗厚不足 ●地下ピットの漏水と鉄筋露出、コンクリートひび割れ		3000万円以上
神奈川県	約700戸 ※タワー型	2年目	約450万円	●高所のモルタルの浮き、剥離 ●ALC外壁の耐火材充填不足 ●地下駐車場の漏水とコンクリートひび割れ ●地下ピットの漏水と鉄筋露出、コンクリートひび割れ		1億円以上
東京都三鷹市	約20戸	5年目	約50万円	●外壁タイルの浮き、剥離、ひび割れ ●バルコニー床、天井のひび割れ ●地下ピット内のコンクリートひび割れ、打ち継ぎ部コールドジョイント		400万円以上
東京都新宿区	約50戸	10年目	約120万円	●地下ピット内、地中梁コア抜きにより多数の鉄筋が切断 ●耐震用構造スリットの施行忘れ		5000万円以上

（出所）さくら事務所

アフターサービス保証を有効活用するためには、まず管理組合が共用部分の不具合を把握すべく、保証期間内に共用部分を一通り点検すること。これは区分所有者みんなが手分けしてチェックするケースもありますが、外部の専門家に点検してもらうのがいいでしょう。

　専門家にチェックしてもらう場合は、一定のコストはかかるものの、第三者の専門家による報告書を売り主側に提示できることから、具体的な補修交渉もより容易になります。契約の取り決めに基づき、売り主が直すべきものは積極的に補修請求したいところです。

第3章で述べた通り、国は現在、新たな住宅情報データベースを整備しており、早ければ2018年度には全国で順次運用されます。この中には、マンションの管理状態も織り込まれる見通しです。これは、ブラックボックス化していたマンションの管理状態を可視化し、評価に反映させようとするもので、マンションの管理状態によって資産格差が広がることを意味します。

タイル張りのマンションに潜む危険

分譲・賃貸ともにマンションの外壁にタイル張りが多い理由は、コンクリートを風雨に直接さらさないといった耐久性の観点から、そして何より美観に優れるからです。

特に「深目地《ふかめじ》」といって、タイルとタイルの間にモルタルを埋め込まない施工方法の場合、立体感が出て高級感があります。事実、タイル張りのマンションを好むユーザーは多く、街を歩けばほとんどのマンションの外壁がタイル張りであることに気づくでしょう。

タイル張りの外壁は非常に見栄えがするのですが、万一剝がれて落ちてきたら大変危険です。まだ築年数の浅いマンションであっても、外壁の複数箇所からタイルが剝がれ落ちるような建物もあります。写真2は都内で売り出し中だった築10年のRCマンションですが、ご覧のとおりタイルが1枚、明らかに剝がれかかっており、いつ落ちてもおかしくない状態です。この下には、エントランスがあります。「たまたま下を人が通りかかっていたら……」と想像するだけで恐ろしいですね。

このようなケースの場合、このタイル1枚だけが問題なのか、それとももっと広範囲に広がっているのかを確認してください。たいていの場合は程度の

写真2　落ちかかっているタイル

写真3　危険な箇所を広範囲に剝がした状態

差こそあれ、他の部分にも潜在的な問題が生じています。

建物本体に密着していないタイルは、打診棒などでたたくと、「コンコン」と軽い音がします。写真3は別の物件で、浮いている範囲のタイルをごっそりと剝がしたところです。このあと地元の職人さんがきちんと張り直しました。

このような状態になっている原因は、単純に「工事が雑である」ことが多く、プライマーや混和材などの必要な液剤が使われていなかったりする例もあります。もちろん経年による劣化もあります。この「タイル問題」は、時には人命に関わる重大な問題ですから、購入時はもちろん、定期的に点検されることを強くお勧めします。「事故が起きていないのはたまたま」という状態のマンションが、実はたくさんあるのです。

約3割が「問題あり」

これまでの私たちの経験では、タイル張りのマンションのうち30％程度が、前述したさまざまな理由で何らかの課題を抱えています。築8～10年程度の物件は、ちょうどタイル施工の方法が変わったこともあり、注意を要します。それ以前の物件は劣化によるものが多く、それ以降の物件は工事が雑であることが原因の場合が多い傾向にあります。道路斜線制限などの理由で、外壁が傾斜した部分に張られているタイルは目地に直接雨水がかかるため、劣化の進行も早くなります。

高級マンションの代名詞のような「外壁総タイル張り」ですが、オーストラリア、スイスなどいくつかの国では、外壁のタイル張り自体が法律で禁じられています。

タイルの浮きがひどくて、まだ1回目の大規模修繕工事なのに、大金をかけて外装の一部をタイル張り仕上げから、塗装仕上げに変更した管理組合も存在します。

ところで、もし自分のマンションにこのような事態が発生した場合、その責任は誰がとるのでしょうか。実は外壁タイルの施工不良は、品確法の対象外で、売り主の瑕疵《かし》担保責任を問えません。

同法で責任を問えるのはあくまで「構造耐力上、主要な部分」「雨水の浸入を防止する部分」のみなので、アフターサービス期間の範囲で補修請求しないと、責任もコストも所有者負担になってしまいます。

民法の不法行為として売り主に責任を問うことも考えられます。ただ瑕疵担保責任なら売り主に特段の過失がなくても責任を問えますが、不法行為責任の場合、利害関係のない第三者に調査や評価を依頼するなどして、先方の過失を証明しなければなりません。時効は20年です。

国土交通省では2008年、外壁タイル剝落事故の多発を受け、「定期報告制度」を改訂、外壁タイルの打診検査を義務化しています。定期的な調査と報告を怠ると、マンション管理組合は罰則（100万円以下の罰金）の対象となりますが、実態としてすべてのマンションで調査・報告が行われているわけではないことに留意してください。

マンション管理で横行するバックマージン

不動産仲介業者から紹介されたリフォーム会社で修繕工事を行うと、裏で10％程度のバックマージンが、リフォーム会社から不動産仲介業者に渡るといった慣行があります（図表22）。

大規模修繕工事のチェックを第三者として行う場合、裏で工事業者からコンサルティング会社に対してバックマージンが渡されるのは半ば常識です。工事監理を行う会社に対しても同様です。さくら事務所では第三者性を堅持したいため、そのようなことはお断りしていま

図表22 横行するバックマージン

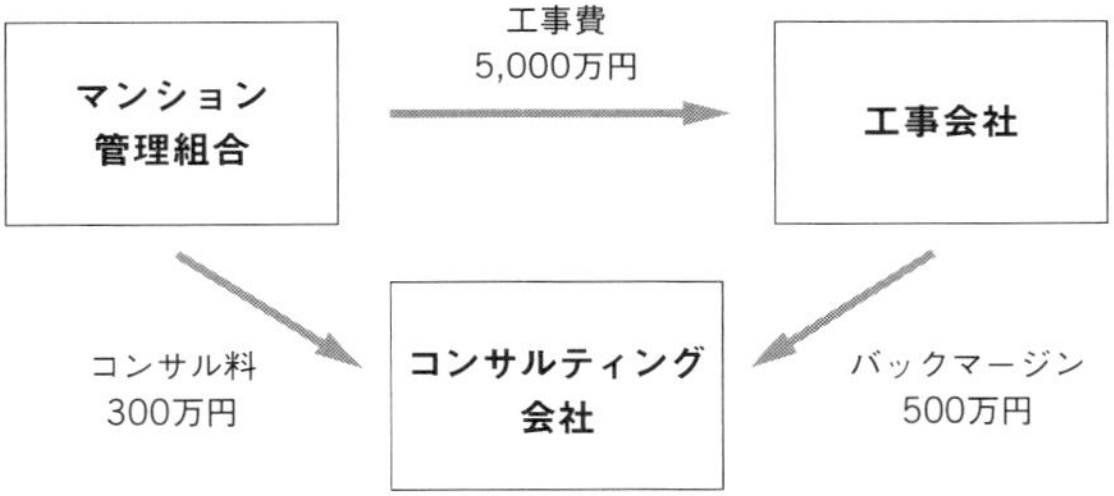

すが、ほぼすべてのコンサルがこの方式をとります。

このことは、相見積もりをとればわかります。「そんな低価格でコンサルを引き受けられるわけがないだろう」といった水準で見積もりを出せる時は、まず間違いなく裏でマージンの取引があると思われるケースです。

もちろんこのことは違法ではありません。しかし、「第三者性」をうたっておきながら、チェック対象からバックマージンを受け取って、果たしてコンサルとして言いたいことが言えるのでしょうか。そもそもこのバックマージンは結局、「マンション管理組合が支払う工事費」から出ているわけで、本来の工事費はもっと安くなるはずです。

こうした業界の構造、仕組みを知ることは、無駄な支出を減らし、必要なところに適切にコストを掛けることにつながりますので、非常に重要です。

「RJC48」(アールジェイシーフォーティーエイト)という、マンション管理組合の理事長や役員が参加している勉強会があります。この勉強会は管理組合の横のつながりの確保を目指し、首都圏中心に約110マンション(総戸数4万戸程度)の理事会の役員経験者が自主活動しています。「管理費の適切な支出」「大規模修繕計画」「修繕積立金計画」「議案書や規約」などについて実例を交えて情報交換が行われています。代表の應田治彦さんは次のように話しています。

「これまで利害関係のない、理事長同士だけの情報交換の場がありませんでした。自治体などが主催する勉強会などにも出てみたのですが、理事長に抽選で当たってしまった人が慌てて勉強にくるような会ばかりで、数年の経験のある理事長が、さてもう少し上を目指そうかという場合にフィットするものが存在しませんでした。

そこでツイッターなどのSNSでかなり上級編、自分のマンションと同じメガマンション・タワーなどの交流相手を5、6年前に探し始めたのがきっかけで、こうした勉強会が生まれました。

この会に参加して感じたのは、案外孤独にやっている理事長さんが多いんだなぁということでした。情報交換はもちろん、たまには愚痴をこぼしあったりするのも大事だと思います。

ＲＪＣ48は、もともと普通よりは腕自慢の理事長が、さらにレベルアップするための〝トップガン〟のような場所を目指しており、管理のレベルの差が、中古マンションの値段の差につながるような活動をしていきたいと考えています」

こうした勉強会に参加し、管理の質を上げているマンションと、そうでないマンションとの差は、将来の建物寿命はもちろん、資産価格にも大きな格差となって現れてくることと思います。

第5章

一戸建ては手入れ次第で資産になる

高級デザイナーズ住宅が一斉に雨漏り

テレビや雑誌では、個性的な間取りやデザインの家がしばしば紹介されています。お仕着せの建売住宅ではなく、注文住宅で夢のマイホームを建てるにあたり、自分だけのオリジナルな家を建てたいというニーズはいつの時代にもあります。

こうしたいわゆる「デザイナーズ住宅」と呼ばれる物件には、もちろん素晴らしいものもありますが、思いもよらないところに注意が必要な場合もあります。

例えば「軒の出がない建物」です。建物から屋根が伸びている部分を「軒」と言いますが、軒をなくし、すっきりとしたフラットな外観を追求している建物を見かけます。都心部では敷地が狭いところに境界線ギリギリまで家を建てることがあるため、仕方なくこのような形状になっていることも多いと思います。

この何が問題かというと、とにかく「雨漏りの可能性が高くなる」ことです。軒の出が少ない分、吹き込んでくる雨にはめっぽう弱くなります。それを補うような設計配慮があればいいのですが、そうでない場合には大変です。

ある都内の高級住宅地に建つ数棟の高級デザイナーズ住宅が、一斉に雨漏りした事例がありました。軒がなければ外壁は雨を直接受けることになり、その分、劣化スピードが早まります。デザインや経済性を追い求めた結果、かえって経済性を失い、「金食い虫の建物」になってしまうのです。

間取りにも注意が必要です。例えば、中2階のある「スキップフロア」といった変わった間取りの家があります。こうした汎用性のない、すなわち売ったり貸したりしにくい形状になると、苦労します。不動産は賃貸も売買も「美人投票」のようなもので、多くの人が好む間取りが圧倒的に有利で、そうでないものは不利になります。資産価値を踏まえると、自分は気に入っていても、他の人はどう思うだろうかといった視点も必要です。

それでも個性的な間取りを採用するなら、細切れになった4LDKなどの間取りを2LDKに変更できるといった「可変性」を意識した設計配慮が必要ですが、そうした気遣いがあるケースは少ないと思います。年をとった時に暮らしにくいと感じるかもしれません。

また、「コンクリート打ちっぱなしの建物」も問題です。商業ビルなどによく見られますが、住宅にも増えています。コンクリートむき出しにして、そのメタリックな質感を全面に出そうということでしょう。しかし、こうした建物は「省エネ性」が最悪です。コンクリートというのは暑さも寒さも吸収しやすい素材であり、夏は熱く冬はキンキンに冷たくなってしまいます。

外気は直接室内に伝わり、1年中冷暖房機を回転させていないと暮らせないほどになります。また、コンクリートは熱で膨張し、冷たくなると収縮する性質があります。この収縮を何度も繰り返すため、コンクリート自体の寿命が短くなってしまいます。

もちろん、家を売らないで住み続けていれば、こうした問題は顕在化しません。しかし、中古住宅市場に売りに出される物件のうち3割は、築10年以内の物件なのです。売る理由は「親と同居することになった」「転勤やリストラ・減給」「単に住みたくなくなった」などさまざまです。

また、将来は「リバースモーゲージ制度」が今以上に整備される可能性もあります。リバースモーゲージとは、「家に住み続けながら、家を担保にお金を借りられる仕組み」です。

面白いのは「返済は自身が亡くなってからでよい」というところです。金融機関に家を差し出して借入金を清算します。「子孫に美田を残さない」といった考えの方には最適で、まさに一生で資産を使い切るための制度です。東京スター銀行は早くからこうした商品を開発、近年では三大メガバンクもこぞってリバースモーゲージローンの取り扱いを始めています。第３章で述べた国の新しい取り組みが進むと、多くの金融機関がリバースモーゲージローンに乗り出すとみられます。しかし、個性的な住宅は担保として評価されにくく、お金をたくさん借りられません。そうなると価値の落ちない住宅を所有する人と、そうでない人の間で資産格差が広がっていくことになります。

こうしたデメリットを踏まえても、個性的な外観や間取りの住宅を建てたいと考えますか？具体的に事を進める前にちょっと立ち止まってみたほうがいいと思います。

本当にデザイン性の高い住宅とは、建物形状がシンプルなのにもかかわらず、カッコよく雨漏りや修繕、省エネ性などについて十分な配慮があり、売買時や賃貸時の市場性が見込まれ、加齢配慮がある――という条件がそろった住宅です。

「木造住宅は地震に弱い」の誤解

「木造住宅は地震に弱い」とお考えの方も多いと思います。しかし、それは誤解です。木造でも鉄骨造でも、耐震性は数値で示すことができます。建物を構成する材料が「木か鉄か」といった感覚ではなく、数値に着目してください。耐震基準が1であれば、どんな工法であっても理論上の耐震強度は1になります。

とはいえ建築基準法は第1条に明記されている通り、「最低の基準」を定めた法律です。建築基準法を守っただけでは、ゆとりある設計とはいえません。

建物の性能を表す「住宅性能表示」という制度があります。これは、建物の各性能を全国共通の物差しで示すものです。耐震性の基準で最高等級3をとるには、建築基準法が定める基準の1・5倍の耐力を有する必要があります。長期的に見てこのぐらいの性能を有していれば、仮に将来、建築基準法の改正によって求められる耐震性能が上がったとしても、新基準に対して遜色はありません。

熊本地震では1981年以前の耐震基準である、いわゆる「旧耐震」はもちろん、81年以降2000年までの「新耐震基準」を満たしていても、多数の建物が倒壊などの大きな被害を受けました。2000年以降の現行基準であっても、わずかに倒壊などの被害が見られました。その理由は複合的ですが、そもそも現行の耐震基準が複数回の大地震を想定していないことが大きいのです。

木造住宅を建てる際のポイントは、シロアリ対策として薬剤処理を十分に施すことです。腐りにくいヒバやヒノキといった木材を使うことも大切ですが、シロアリの通り道となりうる土壌とともに、十分処理しておくことが重要です。

また、木造住宅を建てる場合には工法にも着目しましょう。例えば、木造軸組工法は間取りの自由度が非常に高く、開口部を比較的自由にとれることから、通風・採光の面において優れています。変形敷地や狭小敷地といったさまざまな敷地条件にも対応できます。また、将来の増改築・リフォームにも比較的対応しやすくなります。余談ですが、柱を見せる本格的な和室はこの工法でなければ造れません。

最近の木造軸組工法では、柱や梁《はり》の接合部分を工場で加工する「プレカット」や、反り狂いの少ない集成材（多数の板材を接着剤で接合して作った木材）を使用することが多くなりました。とはいえ、まだまだ職人の腕に頼るところが大きいこの工法は、品質がある程度職人の技能に左右されること、工期も他工法に比べて長めであることが、デメリットでしょう。

「事実上の築年数」が評価対象に

我が国の住宅市場は長らく新築主導の「新興国モデル」でしたが、ここにきてようやく他の先進国並みに住宅を評価しようという動きが始まりました。第3章で触れたように、国がもくろむのは他の先進国同様「現実の築年数は無視し、事実上の築年数を見極める」評価法です。例えば「築30年の中古住宅を、建物の専門家が確認したところ、事実上はまだ築10年と判定できる」といった具合になります。

新たな住宅価格査定を実行する一環として16年6月3日、宅地建物取引業法改正案が国会を通過、18年4月の施行が決まりました。

その内容を簡単に示せば、建物のコンディションについて見極めを行うホームインスペクション（住宅診断）について、宅建業者に説明を課すというものです。具体的には媒介契約時、重要事項説明時、契約書交付時に、それぞれホームインスペクター（住宅診断士）のあっせん可否や診断結果、確認事項などを定めることになりました。

ただし、現在予定されている制度では、実務上、買い主は契約当日に初めてインスペクションについて説明を受けることには注意が必要です。

ホームインスペクションとは、住宅に精通したホームインスペクターが、第三者的な立場、また専門家の見地から、住宅の劣化状況、欠陥の有無、改修すべき箇所やその時期、およその費用などを見極め、アドバイスを行う専門業務です。

住宅市場が成熟している先進国では、こうした慣行が不動産取引の中に組み込まれているのが通例です。我が国でもおそらく5年内に、不動産売買の際にホームインスペクションを行うのは当たり前になるでしょう。手抜きなく建物ができているかどうか、定期的な点検とメンテナンスをしておくことが重要です。

年度末が差し迫ると雑な工事が増えてきます。子供の春休みに合わせて引っ越したいというような購入者のニーズと、会社決算上の都合で年度末までに引き渡したいという業者側の理由とがあいまって、完成・引き渡しされる物件は2月から3月に集中しやすく、工期が逼迫するためです。

引き渡し前には現場で「完成内覧会」があるのが一般的ですが、それは「契約者による最終確認」といった意味合いが含まれています。契約者は「建物を確認した旨の書類」に署名することになります。

引き渡し後には無償補修の「アフターサービス」がありますが、補修までに時間がかかったり、入居後は責任の所在が曖昧になるなどして、揉めることも多くなります。引き渡し前の内覧会では、建物の仕上がりをしっかりとチェックしておきたいところです。

建物のどこをチェックすべきか

さくら事務所のホームインスペクション実例から、よくある不具合を紹介します。

写真4はあるパワービルダーの新築一戸建ての壁裏です。工事を急いだのか、ユニットバスの排気ダクトが接続されていません。単なるうっかりミスと思われます。もしこのまま生活を始めたら、小屋裏には湿気がたまり、カビやシロアリの温床となるでしょう。やがては木材の腐食につながり、建物を傷めます。

写真5は新築一戸建ての床下です。押し入れの下部にあるべき断熱材が入っていません。

写真6は新築マンションの天井裏です。断熱材が電気配線によってぐちゃぐちゃに巻き込まれてしまっています。

写真5、写真6とも、このままでは想定した省エネ性能を発揮できません。一戸建て、マンションともに、床下や天井裏に点検口がついていることが多いので、点検口を開けて工事の状態を確認しましょう。

写真7は新築一戸建ての外壁です。給湯器の配管を通すために穴を開けていますが、こうした箇所はゴム状のコーキング剤で丁寧に塞いでおく必要があります。そこに隙間があると雨水が建物内部に浸入するためです。

ユニットバスやキッチンの排気管はもちろん、サッシ周りも同様です。建物に穴を開けた部分の雨漏り防止はこうしたコーキング剤が担っています。こうした材料の寿命は7～10年程度です。昨今では耐久性の高い材料も出ていますが、いずれにせよしっかりと補修してもらう必要があります。内覧会で確認できた不具合は、原則引き渡し前、つまり残金を支払う前までに補修してもらうことがセオリーです。

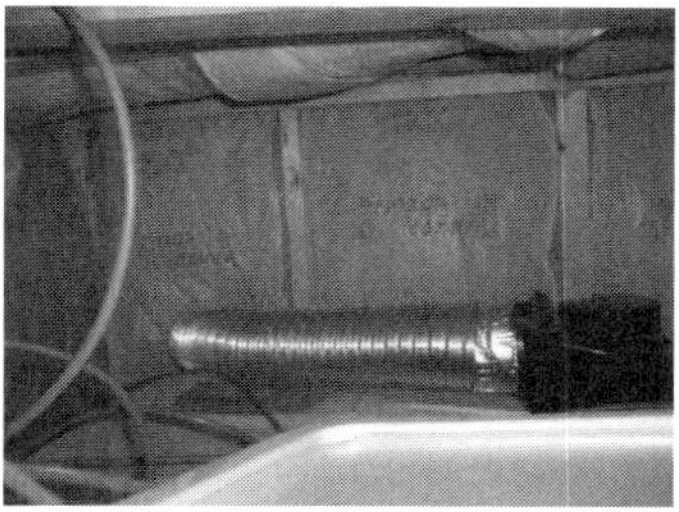

写真4　排気ダクトの接続忘れ

写真5　断熱材忘れ

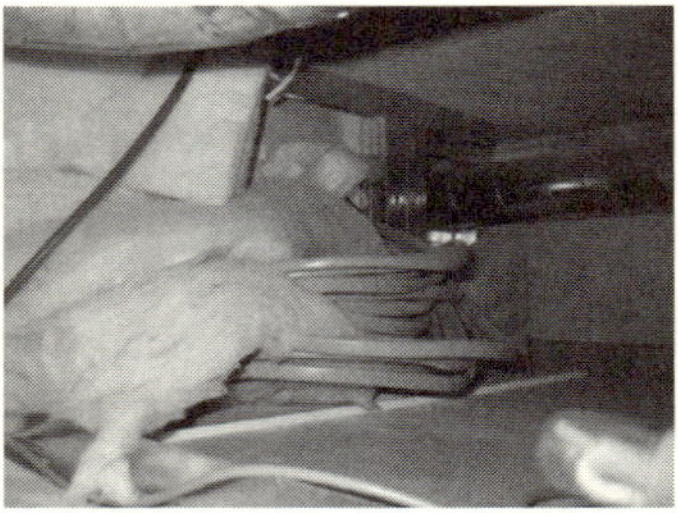

写真6　断熱材の施工不良

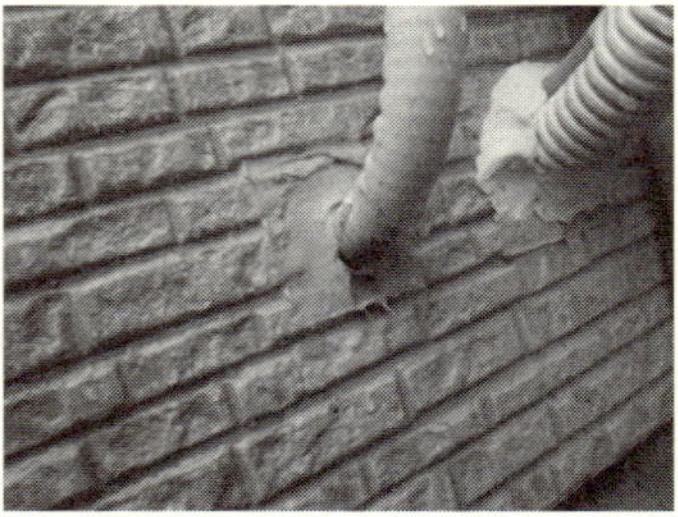

写真7　コーキングの施工不良

「道路付け」の評価が変わる

住宅地価格を決定する要素で、「道路付け」は最も重要なものの一つです。今後は従来価値が高いとされてきた「東南角地」の価値が相対的に下がり、旗竿地《はたざおち》（敷地延長地型）などの価値が見直されることになるでしょう。

東側に道路がある土地は「東道路」、南側にあれば「南道路」と呼ばれ、価値が高いとされてきました。最も資産価値が高いのは、東・南側双方に道路がある「東南角地」で、西道路が坪１００万円だとすると、南道路は10％高の１１０万円、東南角地は１２０万〜１３０万円程度でした。

これは、道路付けによる土地の価値は主に「日当たり」で決まるからです。東南角地は朝日が入り、日中も日当たりが良くなります。次に価値の高い南西角地は、朝日が望めず、西日になることもあるため、坪１２０万円程度です。北道路は南側に建物が立つと直射日光が望めないため、90万円程度です。

ただし、実際に建物が建ってみると、異なる側面が浮かび上がってきます。マンション高層階の北向き部屋は相対的に割安ですが、採光面では十分なことが広く知られるようになりました。同様に北道路の土地でも、間取りの工夫によっては十分な採光を確保できます。

一方、価値が高い南道路の土地に間取りを入れる場合、道路の前にリビングや和室を配置することになり、道路を往来する人と目が合うなどの弊害が生じる恐れがあります。土地が狭い場合には、南に配置するリビングの目の前が駐車場となり、自動車を見ながら暮らすこ

図表23　道路付けによる価格差

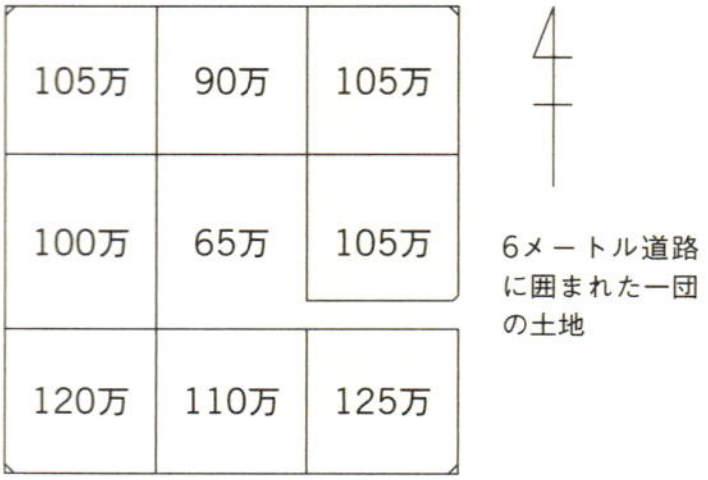

（出所）さくら事務所

図表24　旗竿地にも利点はある

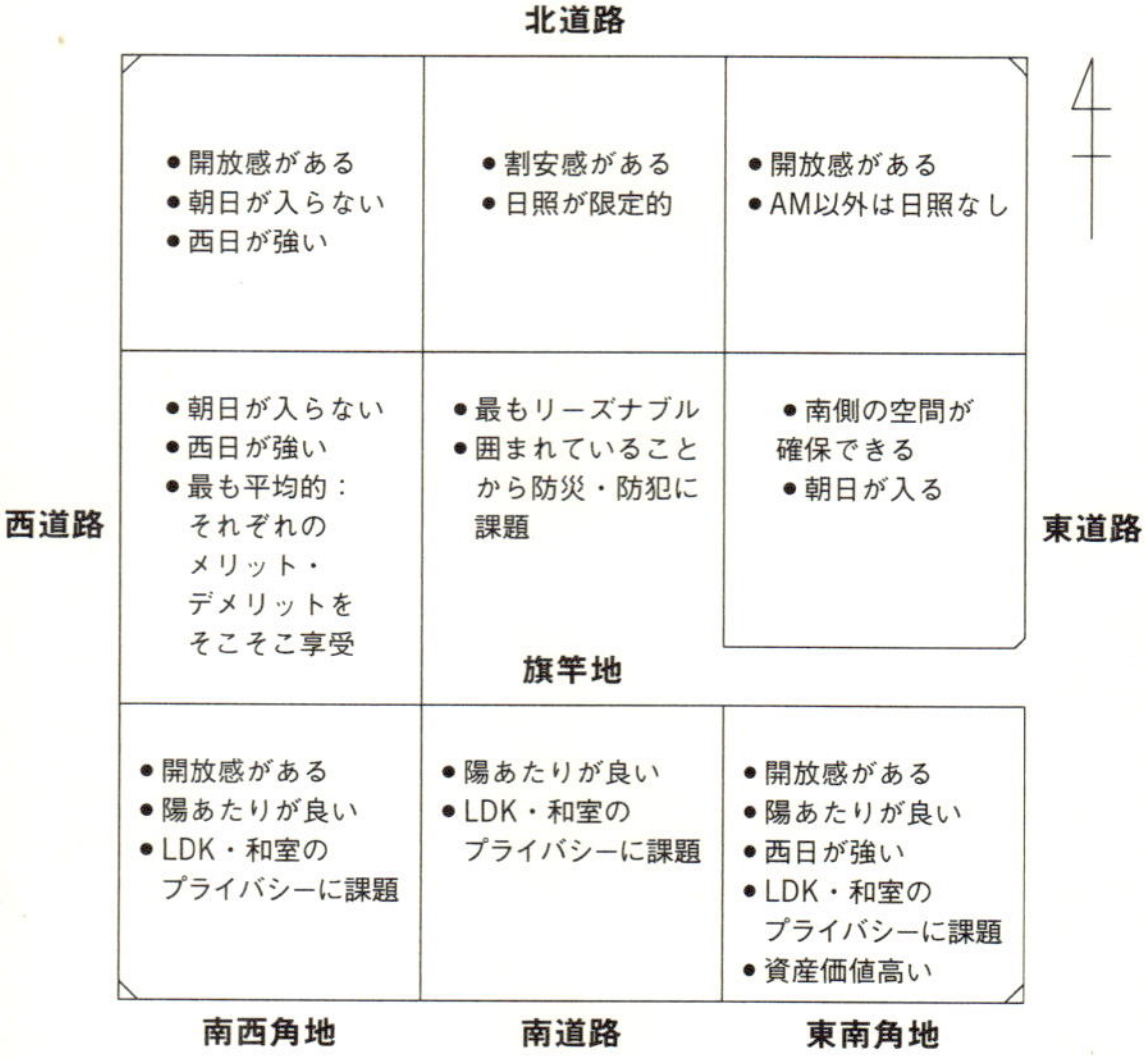

（出所）さくら事務所

とになります。

一方で、坪60万～70万円程度の価値が低いとされる「旗竿地」は、通路部分のアプローチ部分をきれいに植栽で飾り、建物の玄関周りを見栄えよくするなどの工夫によって、素敵な住宅にすることが可能です。ただし、周辺は建物に囲まれ、死角が発生することから、防犯性には一定の配慮が必要です。また、建物には燃えない、燃えにくい材料を使用するなど、防火・防災には気をつけたいところです。

今後は、道路付けにかかわらず、「良い間取りが入るかどうか」を重視する時代に変わっていくと思います。

省エネ性能が資産価値を左右

産業構造の変化が社会経済の仕組みを根本的に変えた、いわゆる「産業革命」は、18世紀のイギリスで始まり、1830年代にフランス、ベルギー、1850年代にはドイツへと広がりました。ロシアと日本はずっと遅れたものの、1890年代に波及しました。「資本主義社会」「工業化社会」が形成され、現代社会の原型が出来上がりました。

日本ではまだあまり知られていませんが、ドイツでは今、この「産業革命」に匹敵する「静かな大革命」が始まっています。

「将来世代にツケを残さないようにするために、財政の管理をきちんと行う。建物の暖房エネルギー消費削減を進め、原子力や化石燃料への依存度を減らす。同時に地域の経済や雇用を守り、新築をしないことで空き家の増加を防ぎ、市民の資産価値を保護する」

こうした政策が目下、進行中です。産業革命当時の「紡績機械」「蒸気機関」に置き換わるのは、太陽光・風力・バイオガスなどの「再生可能エネルギー」です。

日本では「経済成長のためには原発や化石燃料を使うのはやむを得ない」というような風潮がありますが、ドイツではエネルギーシフトが着実に進んでいます。脱原発と気候変動対策のため、電力使用に占める再生可能エネルギーの割合を2020年に35%、50年に80%にする目標を掲げています。

ドイツの意欲的な目標のうち半分は、実は省エネによってもたらされます。「まずは消費エネルギーを減らす。その上で再生可能エネルギーによって脱原発を目指す」というのがドイツの方針です。

日本で住宅の省エネというと、スマートシティに代表される、新築分譲地で実践するイメージがありますが、ドイツでは既存の住宅地を対象に行われています。これは、住宅の省エネ性を高めようとする場合、年間10数万戸の新築だけでなく、何より4000万戸以上の既存住宅に手を付けたほうが早いからです。省エネ性能を高めることにより、個人の所有する中古住宅の資産性を維持できます。

ドイツは2001~2010年の間に、累計1兆円の予算を使って住宅の省エネ改修を進めました。この間12兆円程度の改修工事を建設業にもたらし、毎年40万人程度の雇用を創出、年間220億ユーロのエネルギーを節約しました。さらに1・9兆円は19%の付加価値税を経由して国に還流しました。すなわち国はしっかり儲けているわけで、非常に賢い国家戦略です。

再生可能エネルギーは「小規模分散型」にすることが重要です。これによって基礎自治体レベルでのエネルギー自立が実現でき、大規模電力会社からエネルギーを買う必要がなくなります。新産業分野において地域雇用が創出され、マネーが地域内に還流し、自治体も税収増を図ることができます。ドイツでは農家や手工業者など地域に暮らす人々がこのことに気づき、あちこちで再生エネルギーの取り組みが始まりました。

19世紀の産業革命では、工場経営者や産業資本家が社会・経済・政治の主導権を握りました。これに対し、来るべき再生可能エネルギー社会では、地域社会が主導権を握ることになります。原発や化石燃料に頼らず、地方ごとに分権化された社会、持続可能な社会の仕組みを構築することが可能になります。地域で「水」「食料」「エネルギー」「雇用」をまかなうことができれば、地方は中央に頼ることなく自立できます。

いずれ日本にも徹底した省エネの流れが到来します。前述の通り、住宅の燃費を表示しなければ売買・賃貸もできない日がやってくるでしょう。言うまでもなく資産性に差がついていきます。今から可能な限り省エネ性の高い住宅を選んでおくことが賢明です。

昨今では省エネを高めつつ太陽光発電で電力を生み出す、いわゆる「ゼロエネルギー住宅」について大手ハウスメーカーはもちろん、多くの工務店が取り組み始めています。

スマートコミュニティ（タウン）の可能性

スマートコミュニティ（タウン）とは、コミュニティ単位で分散型エネルギーを最大限活用すべく、エネルギー・マネジメントシステム（ＥＭＳ）を通じて、エネルギー需給を総合的に管理・最適化し、高齢者の見守りなどの生活支援サービスも併せた、これまでにない新しい形のコミュニティのことです。

神奈川県藤沢市の工場跡地に建設された「Fujisawaサスティナブル・スマートタウン（FujisawaSST）」に建つ住宅群は、太陽光発電と蓄電池を標準装備しています。各家庭には使用電力量を管理するＨＥＭＳ（Home Energy Manegement System）が採用されており、エコキュートやエネファーム、エアコンなどを制御しています。コミュニティには非常用電源も備わっています。

さらには、太陽光発電と家庭内蓄電池をつなげる蓄電システムも視野に入っています。電気自動車や電動バイクなどのシェアリングサービス、宅配ドライバーの配達時間通知、自動搬送ロボット、無人で荷物配送を受け付けるシステムの導入も検討されています。

国は今後、住宅地における電気や排熱の面的利用を促進していく考えで、地域で生み出されるエネルギーの最大活用と最適化を目指す方針です。先のドイツのような自治体運営と方向性が重なり、大きな可能性を感じます。こうした地域や自治体の取り組みが行われる住宅地は、資産性が維持される可能性が高いと思います。

住宅もＡＩ化

米国スタンフォード大学の研究者が起業したベンチャー、ブレイン・オブ・シングスが開発した「ＡＩ（人工知能）住宅」が注目を集めています。

居住者の嗜好や行動をＡＩに学習させることによって、照明や換気扇が自動で動いたり、自然光で目覚めるように最適なタイミングでカーテンが開いたりします。またコーヒーが指定した時刻にできたり、ロボットが一日の予定を読み上げてくれたり、テレビの音量や浴室の温度調整、部屋の掃除、ペットの餌やりなども自動で可能になるそうです。

同社はこうしたＡＩサービスによって、住宅の付加価値が４％高まると見ています。米国内では監視などの基本サービスの価格で50ドル程度の提供を想定しています。日本にも同様なサービスと価格帯で進出する予定だそうです。

ＩＴを使用している家をスマートハウスと呼びます。スマートハウスで使われる究極のＩＴはＩｏＴ（Internet of Things：モノのインターネット）です。取り組みはまだ端緒についたばかりです。ＬＩＸＩＬによるＩｏＴ実験住宅「U²-Home（ユースクウェアホーム）」では、外壁や窓、天井、ドア、水栓、収納などに合計２５０個のセンサーを搭載しています。部屋ごとの人の動きや設備の使用状況、温湿度、明るさ、風向風速など、あらゆるデータを収集します。住環境全体を情報化することによって、ホームオートメーション技術や生活サービスの実現を検証しています。

また、ミサワホームによるＩｏＴ機器が設置されているモデルハウスでは、照明やカーテンが天気に合わせて自動調整されるなどの機能が公開されています。

ＩｏＴは住宅のみならず、家電などにも搭載されます。防犯カメラに不審者が写るとスマホに通報が来たり、スマホを通じて不審者に警告することができます。また、室内にカメラを設置しておけば、外出先から子供やペットの様子を確認できたり、声掛けできるようになります。冷蔵庫の在庫を自動で教えてくれるといったことも可能になります。

近いうちにこうした技術が続々と市場に投入されていくことでしょう。未来の住宅の生活は大きく変わりそうです。

第6章

中古住宅に賢く住む

好調続く首都圏の中古マンション市場

15年後半から恒常的に契約率70%を割り込んでいた新築マンション市場の不調をよそに、中古マンション市場が好調なのは、前述したように新築マンション価格が上がりすぎたことが大きな要因です。

また昨今の新築マンション分譲立地は都心部や郊外でも一等立地で、かつ供給戸数も16年は3万8000戸と、ピーク時の9万6365戸（2000年）の40%程度にとどまっていることも大きいようです。

一方で中古戸建て市場は伸び悩んでいます。17年2月の首都圏中古戸建て成約件数は前年比で5・9%減、成約価格は前年比で1・2%上昇したものの、前月比ではマイナス0・7%と、長期的な下落トレンドからは脱却できていません。

こうした中、国は中古住宅の流通の促進のために、40歳未満の人が中古住宅を購入する際、最大65万円が保持される「住宅ストック循環支援事業」をスタートさせています。65万円の内訳は、ホームインスペクション（住宅診断）と省エネリフォームに50万円、耐震改修

15万円です。

17年6月30日までに契約し、12月31日までに住宅の引き渡しを受けることが要件ですが、国の予算250億円に達し次第、この事業は終了します。利用できる人はぜひ検討してみましょう。

中古住宅市場整備で変わること

第3章で説明した通り、国は現在、住宅データベースの整備をはじめとする不動産市場改革を進めており、とりわけ市場を大きく変える可能性のある法改正が行われました。第5章でも触れた「宅地建物取引業法の一部を改正する法律」の成立です。不動産取引の媒介契約締結時、重要事項説明時、売買契約締結時に、宅建業者は「ホームインスペクション」に関する説明が義務付けられることになりました。

前述のように「ホームインスペクション」とは「住宅診断」のことで、住宅建築に精通したホームインスペクター（住宅診断士）が、第三者的な立場と専門家の見地から、住宅の劣化状況や欠陥の有無、改修すべき箇所やその時期、おおよその費用などを見極め、アドバイイスを行うサービスです。

アメリカ、カナダ、オーストラリアをはじめ、多くの先進国で採用されているホームインスペクションを行うことによって、「欠陥住宅ではないか」「いつごろ、どこに、いくらくらいメンテナンスのお金がかかるのか」「あと何年くらいもつのか」といった、中古住宅の売買時に生じる購入者側の懸念を払拭することができます。

築年数の古い空き家でも、活用できる可能性が広がります。こうした状況を受けてホームインスペクションを依頼するユーザーは目に見えて増加しています。住宅診断市場に新規参入する事業者も増えています。

国は中古住宅流通市場の活性化を図り、市場規模を13年の4兆円から25年には8兆円へと倍増させる目標を掲げています。

みなさんも中古住宅を買うときや空き家活用を検討する際には、ホームインスペクションの活用を検討してみてください。費用は30坪程度の一戸建てで5万～7万円。3～4時間程度かけて建物のコンディションを把握します。

私が会長を務めるさくら事務所でもホームインスペクションサービスを提供しており、首都圏だけで50名近くのホームインスペクターが在籍、日々研鑽に励んでいます。またNPO法人日本ホームインスペクターズ協会には1000名の公認ホームインスペクターが在籍しています。17年は1700名以上の受験者がインスペクターになるべく試験に挑戦しました。

ホームインスペクターの選び方

ここでホームインスペクターを選ぶ際のチェックポイントをあげてみます。

①実績はどうか

まず、診断士の所有している資格や経験、実績を確認しましょう。これまでにどのような建物を、何件程度診断してきたのかを確認します。木造、2×4（ツーバイフォー）、RC造など、建物にはさまざまな工法があり、すべての工法に精通している診断士はまれです。注意したいのは、木造住宅に詳しいのは一級建築士ではなく、二級建築士だということです。建築士の等級は対象となる建物の規模で規定され、一般住宅のような小規模な建物は原則として二級建築士の領域です。住宅には明るくない一級建築士は珍しくありません。

②コミュニケーション能力はどうか

どんなに高度な調査も、あなたがその中身を理解できなければ意味はありません。何か問題が発見された場合、それはどの程度のものか、なぜ問題なのか、どう対処すればいいのかなどについて、極力専門用語を使わずにわかりやすく説明できることは、診断士の重要なスキルの一つです。診断後に報告書を渡されるだけでは多くの場合不十分です。顧客に現場への同行を促すような診断士が望ましいでしょう。

③「お手盛りインスペクション」に注意

例えば「リフォーム会社が自ら行うホームインスペクション」が該当します。リフォームやリノベーションを行う前には、建物について下調べをします。リフォーム前の「事前調査」です。これを切り離して「ホームインスペクション」と呼び、ユーザーを誤認させているケースがあります。

「不動産会社自ら行うホームインスペクション」の場合には、建物に何か課題が見つかったとき、その事実を報告しないなど、その内容がお手盛りになっていないかどうか注意が必要です。国土交通省は「既存住宅インスペクション・ガイドライン」を公表していますが、本ガイドラインでは「売り主が行うものはインスペクションではない」とあります。

また、リフォーム会社・不動産会社とホームインスペクターが癒着していたら、きちんとした報告がなされる可能性が低くなります。ホームインスペクションの依頼者を紹介され、不動産会社に紹介料を支払ったなどのケースも見受けられます。

大切なのは「取引に利害関係のないホームインスペクターを、自分で選ぶこと」です。国交省のガイドラインでは、ホームインスペクターと業者との癒着や、関係者間での紹介料の授受など、不透明な金銭のやりとりを厳に戒めています。

無料でホームインスペクションを行い、後で必ずリフォームや耐震工事の提案がついてくるといったケースも報告されていますが、「お手盛りではないか？」との疑念は払拭できません。無料の先には何か意図があると考えるのが普通です。

④「格安ホームインスペクション」にも留意

あまりに安すぎるホームインスペクションにも問題があります。やはりリフォームなどの仕事を取りたいか、能力に自信がないかのどちらかという可能性があります。ホームインスペクションでビジネスを成立させるのに見合った料金設定であることが、健全さを測る一つの指標になります。現在の相場は一般的な一次診断で5万〜7万円程度です。

「良い中古マンション」の見分け方

中古マンションの物件を見学する場合、「間取り」や「設備」など、どうしても室内（専有部）に意識が向きがちです。もちろん室内が大事なのは間違いありませんが、より重要なのは、「外壁」「廊下」「階段」をはじめとする共用部です。

例えば外壁について。第4章でも触れたように、昨今のマンションの外壁はタイル張りが主流です。多くのマンションでタイルが剝がれる理由は、「経年劣化」「不良工事」「大きな地震の影響」などさまざまですが、もしこのままの状態を放置していたらどうなるでしょうか。

まず、一部のタイルに剝がれが見られるということは、外壁の他の箇所でも同様の事象が起こる可能性があるということです。すなわち、実はすでにタイルが壁から浮いており、何かのきっかけで剝がれ落ちる可能性がある「落下予備軍」が存在するのです。万一高いところからタイルが落ちてくれれば、非常に危険な凶器となりえます。

写真8、写真9はマンションの駐車場部分ですが、エフロレッセンス（白華現象）が見られます。

エフロレッセンスとは、簡単に言えばコンクリート内部や表層部に浸入した水分が、コンクリート中のカルシウム成分や空気中の炭酸ガスと化学反応を起こす現象です。少量であれば特段の問題はありませんが、写真8のように茶色の成分が染み出しているものは、内部の鉄筋がさびている可能性があります。写真9はコンクリート内に深く水が浸

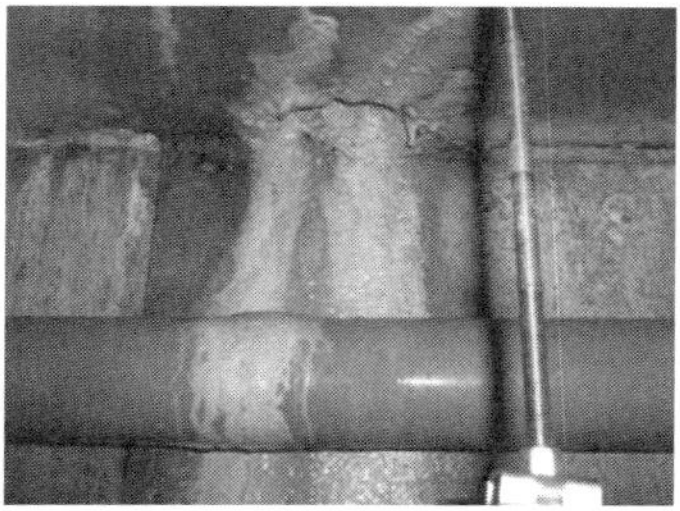

写真8　エフロレッセンス（白華現象）とともに鉄筋のサビ汁が染み出している

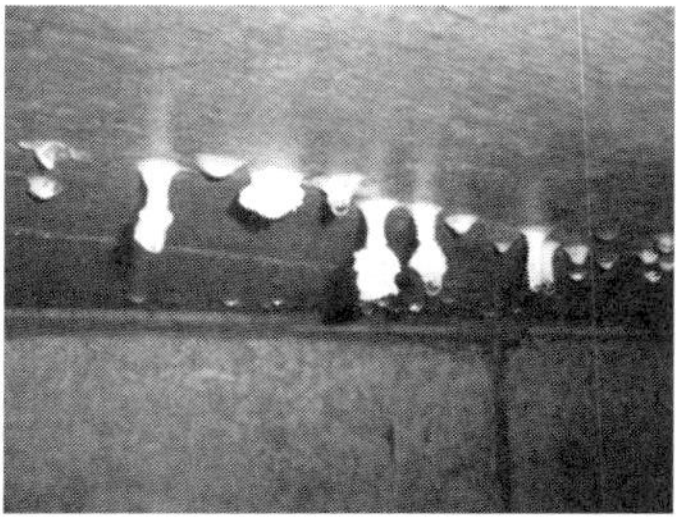

写真9　つらら状になったエフロレッセンス

透し、ある程度の中性化が進んでいる可能性があります。

こうした不具合を発見したからといって、そのマンションが直ちにダメだということではありません。大事なのは「マンション所有者で構成する管理組合が実態を把握しているか」、そして「手を打とうとしているか」です。

こうしたことは、マンション管理組合の議事録を取り寄せて読めばわかりますが、管理組合員以外には情報を公開していないマンションもあります。不動産仲介の営業担当者に尋ね、事情を確認してもらうといいでしょう。

耐震性はどうか

中古マンション購入で最も大切なチェックポイントの一つは、建物の「耐震性」です。大きな目安となるのは、いわゆる「新耐震基準」を満たしているかどうかです。新耐震基準の建物は阪神大震災の際に全壊が少なかった一方で、旧耐震建物の中には大破・倒壊したものもあれば、問題なく継続使用できたものもありと、まちまちでした。

この新耐震基準は、１９７８年に発生した宮城県沖地震の被害を受け、81年に建築基準法が改正し、作成されました。この基準を要約すれば、「震度5強程度の中規模地震では軽微な損傷、震度6強から7程度の大規模地震でも倒壊は免れる」というものです。この建築基準法改正は81年6月1日に施行されました。

建築工事は着工前に建築確認を申請し、確認済証が交付された後に着工されますので、81年6月1日以降に建築確認申請が受理されていれば新耐震の建物となり、それ以前なら旧耐震基準で建てられていることになります。

ところが中古マンションの物件情報には、建築確認申請の受理日の記載がなく、建物の完成（竣工）年月しかわかりません。したがって新耐震基準を満たしているかどうかを見極めるには、建築工事期間を考慮に入れる必要があります。マンションは工期が長く、規模にもよりますが、着工から完成までに1、2年近くかかるのが一般的です。

もし、物件の完成年月が83年もしくは84年以降であれば、新耐震基準で建てられていると考えてよいでしょう。目安として、おおむね築30年以内（2016年時点）であれば、新耐震基準でつくられているため、現行の耐震基準を満たしているといえます。もちろん、新耐震基準以前に建築されたいわゆる「旧耐震」のマンションであっても、新耐震基準と同等の設計をしているものは数多くあり、構造面、管理面などを含めて個別にチェックすることが大切です。具体的に建築確認申請受理日を知りたければ、不動産仲介会社に調べてもらうか、自治体の建築確認担当部署で尋ねてみるのも良いでしょう。

旧耐震の建物に対しては、耐震診断を受け、その結果に応じて必要な耐震改修をしているかどうかが評価の目安となります。ただし、現実にはそうした耐震診断を受けている物件は少なく、また耐震診断を受けても改修まではしていないマンションも多いのが実態です。竣工図面がなかったり、費用がなかったり、住民間の合意が得られなかったりと、多くの課題があります。国や自治体も耐震診断や改修に助成措置を講じているものの、なかなか進んでいないのが実情です。こうしたことを理解した上で、購入の可否を判断することが大切です。

保証があっても安心できない中古住宅

さて、国はこれまで空き家活用に加え、先進各国に比して相対的に小さい中古住宅市場・リフォーム市場倍増をもくろみ、各種方策を打ち出してきました。特にここ数年の力の入れようには凄まじいものがありますが、こうした政策の中で当局が最も重要視しているのが、

図表25　住宅投資に占めるリフォーム割合の国際比較

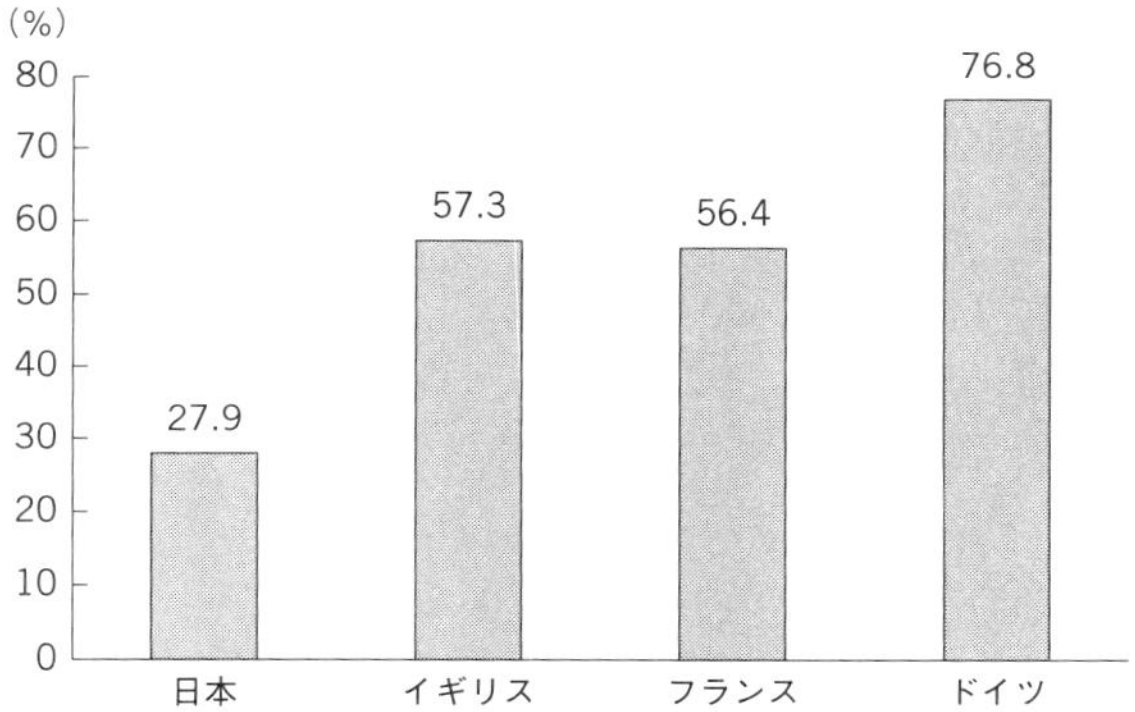

（出所）国土交通省

中古住宅の「瑕疵《かし》保険」です。

新築住宅には主要構造部や雨漏りを防止する部分について、10年間の保証が義務付けられていますが、中古住宅についてはそうした取り決めはありません。築年数が一定程度経過した住宅については瑕疵担保免責、つまり引き渡し後に建物の故障が見つかってもすべて買い主が責任を負うという契約になることが多くみられます。

こうした実情を勘案し、中古住宅に対する漠然とした不安を払拭するために設けられたのが、柱や梁《はり》などの構造耐力上主要な部分と、雨漏りについて、1～5年保証される「中古住宅の瑕疵保険」です。中古住宅となると給排水管の故障も心配ですが、オプションで保証を受けられる商品もあります。

ただし、この瑕疵保険については誤解もあります。一言でいえば「万能ではない」のです。どういうことでしょうか。

瑕疵保険適用のための現場検査は「保険期間中に瑕疵が発生しないか」といった観点で行われます。つまり、1年や5年を経過した後に瑕疵が発見される可能性を考慮しません。実際には、その3年後、6年後に瑕疵が発見される可能性があっても、とりあえず契約書通りに保険は適用されてしまいます。

こうした事情や可能性を説明し、買い主に入居後の建物ケアを促すならいいのですが、販売の現場においては、そんなケースはごく稀で、「保険がついてるから大丈夫ですよ、安心ですよ」といった営業トークがまかり通っています。保険は文字通り「保険」であり、万が一のときの備えに過ぎません。

実例をいくつかご紹介します。写真10をご覧下さい。ある人がリノベーション済み物件を買ったところ、床下からの水漏れを発見しました。この写真は内装を解体した後ですが、配管の点検や交換をしなかったため、水漏れが起きていました。

写真11も写真12も配管からの水漏れによって、リノベーション自体が台無しとなり、すべて解体し、一からやり直しとなりました。

私たちはこのようなリノベーションを、「なんちゃってリノベーション」と呼んでいます。「見えないところにお金はかけたくない」とか、悪意はなくても無知ゆえに、建物がこんなことになってしまうのはもったいないことです。建物がかわいそうですし、何より買った人

写真10　リノベマンションの床下から水漏れ

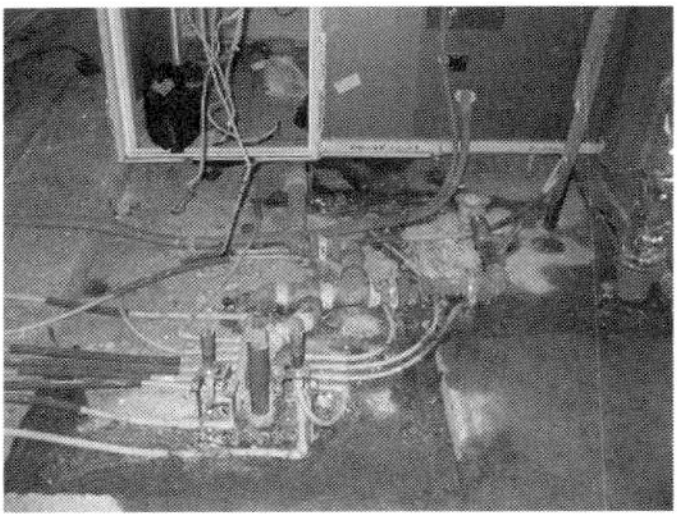

写真11　建物を解体して配管を交換

写真12　ボロボロになった配管

は大変です。

せっかく造作部分を壊して、配管をチェックできる状態にするのですから、上下水道の配管の状態を確認し、必要があれば交換すべきです。表面だけきれいにリフォームしても、中身がガタガタではどうにもなりません。見えないところに時限爆弾を抱えているようなものです。

なぜこのようなことが起こるのでしょうか。買い取り再販事業者は常にライバルとの仕入れ競争にさらされており、より高値を提示しなければ仕入れができず、事業が成り立ちません。このときに、上下水道の配管交換費用を見込んでいては、その分提示価格が下がり、ライバルに負けてしまいます。

そこで、交換時期が来ていても現時点で水漏れがなかったり、著しい損傷などが見られなければ保険が適用になるといった仕組みを利用します。

他にもこうした実例はたくさんあります。Sさんは神奈川県横浜市で築40年のリノベーション済みマンションを買ったものの、入居後数カ月で水漏れが発覚。水漏れの範囲は専有部のほぼすべてに及んでおり、内部造作の多くを壊して工事をやり直すことになってしまいました。保険がついているため、費用は心配ありませんが、一時的に引っ越しを余儀なくされるなど、生活に多大な影響が出てしまいました。

また、東京・世田谷区でリノベーション済みマンションを購入したMさんの事例では、保証が切れた2年数カ月後に水漏れが発覚。保険期間は切れているため当然、自己負担で補修する必要がありました。建物を一部解体したところ、上下水道配管は30年以上前の、新築時のままでした。見た目は新築同様でしたが、見えないところはボロボロだったわけです。

こうした事態を回避するためには、隠れて見えなくなっている上下水道配管や電気配線などについて、施工業者がどのように考え、どう処置したのかを確認することです。リノベーション前の写真を保管しているはずですから、見せてもらいましょう。

自分で業者を探しリノベーションを依頼する場合でも、上下水道の配管など、目に見えない部分の修繕提案をしない業者は、見かけの工事見積もり金額を安くして仕事を取りたいか、提案能力がないかのどちらかと断言してもいいでしょう。せっかく多額のお金をかけて修繕するのですから、建物の価値が大きく上昇するようなリノベーションを提案してくれる業者を選びたいものです。

「中古マンションを買ってリノベーションしたい」という方は、とりわけ検討しているマンションがリノベーションにふさわしいのか、もしくはどうすればトラブルなく購入できるのか、ホームインスペクションで、まず物件の状況を把握しましょう。

リノベーションで床や壁、天井などの造作部分を壊したときは、配管の状態も調べ、状況に応じて最新の配管に更新しておくことが鉄則です。

一戸建ての不具合で多い事例

一戸建ての不具合で多いのは、「建物の傾き」です。床が傾いていたり、壁が垂直でないといった症状です。実は、水平・垂直とも完璧な精度にある建物はほとんどありません。建物はパソコンや自動車などの工業製品とは違って、現場で人間がつくるものである以上、一定程度の傾きが生じ、許容されています。

その許容範囲について、さくら事務所では「1000分の5」、すなわち10メートルの距離で5センチメートルまでとしています。1000分の5を超える場合には、その原因を探り、場合によってはしかるべく対処を行う必要があります。例えば、床が傾斜している場合には、原因として大きく3つのことが考えられます。

①床そのものが傾いている

建物全体は問題がないものの、床の部分だけが傾いているケースです。これは多くの場合、床の張り直しによって対処できます。

②建物全体が傾いている

これは結構深刻かもしれません。構造上、耐震上の支障がある場合があります。補強などの是正で対処できればいいのですが、いかんともしがたいケースもあります。

③地盤が傾いている

建物には問題がないものの、地盤が傾いているケースです。これはさらに2つのパターンに分かれます。

A　相当の時間が経過している場合

建築後20年など、ある程度時間が経過しているケースです。以前は地盤調査や改良をしていないケースが多く、地盤が傾斜している場合です。著しい傾きでなければ地盤も落ち着き、これ以上傾きは進行しないと考えられるため、あとはこの傾きそのものを許容できるかどうか、ということになります。

B　建築後、間もない場合

現在の建築基準法では事実上の地盤調査と、必要があれば改良が必要になっています。地盤が傾いている場合には、さらに悪化する可能性がありますから、詳細な調査と対応策が必要です。

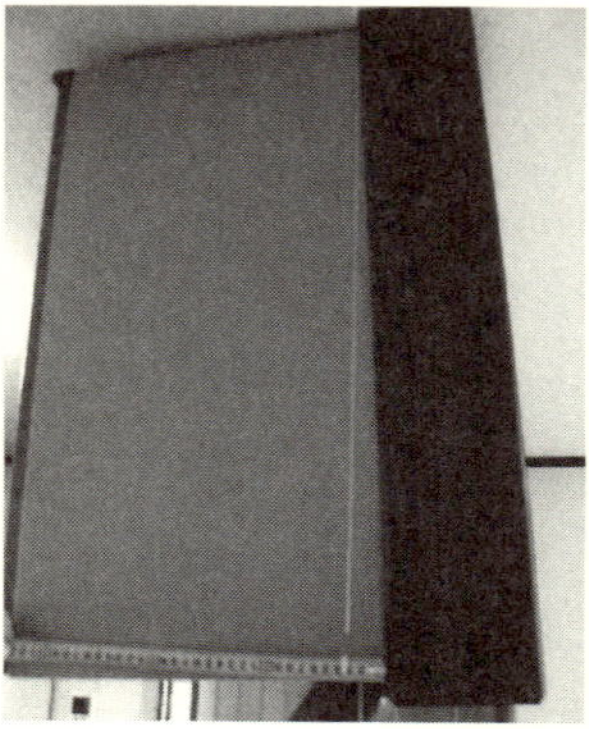

写真13　傾いているキッチン収納

事例を紹介します。埼玉県某市に建つこの物件は、キッチン収納をはじめいくつかの造作家具の施工が非常に雑で、かなり傾いていることもあって、なかなか売れませんでした（写真13）。

しかし、構造的には何ら問題なく、一般的な物件よりしっかりしています。ですから買った後でリフォーム・リノベーションをしようと思っている人にとっては特に影響はありません。人間が外部から影響を受ける要素のうち5割以上は視覚であり、こうした物件は売れにくいですが、実態がわかればどうということはありません。

ホームインスペクションが入ると、こうした問題も客観的に説明でき、買い主は納得して契約することができます。

屋根裏で問題を見つけた際も、例えば次のようなインスペクターのアドバイスで購入者は安心して最終的に購入を決断できます。

「天井裏に断熱材が入っていません。この状態だと天井から暑気や寒気が入り込み、夏は暑く、冬は寒いといった状況でしょう。これは天井裏に断熱材を敷きこむことによって解決できます。コストは意外と安く、ひと部屋数万円で、今よりずっと快適になります」

テレビでとりあげられるような、極端にひどい欠陥住宅は、これまで3万7000件以上の建物を調べてきた中でも、めったに出くわすことはありません。現実にはこうした中小の不具合が多くみられるのです。

こうした事象について、なぜこうなっているのか、問題の程度はどのくらいか、費用はどのくらいかかるか、などについて、客観的な説明を受けた上で、あとは買い主としてどう判断するかが重要です。

これまでは「割安な中古住宅は建物の不具合が心配だ。だから高いけど新築にしておこう」といった流れが主流でした。しかし、建物について一定の見極めができれば、価格の割に品質が良い、お買い得の中古住宅を選ぶことが可能になります。

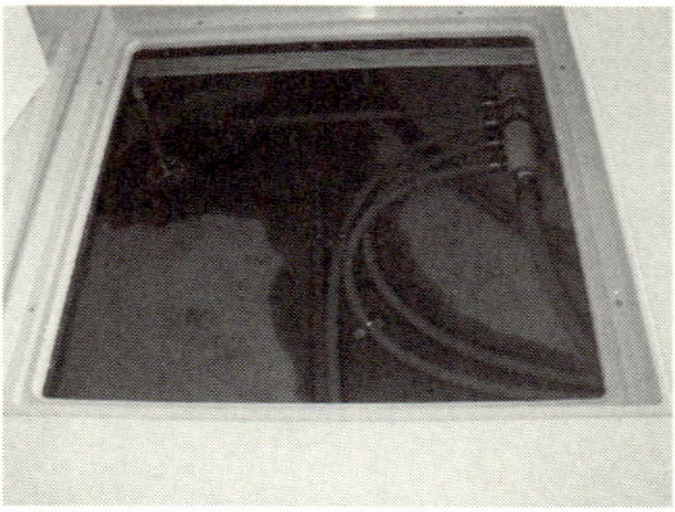

写真14　床下の水道管から水漏れ

昨今は多数の事業者がリフォーム・リノベーション事業に新規参入するようになりましたが、経験不足からか、現場では問題も散見されます。最も多い問題の一つは「水漏れ」です。さくら事務所のホームインスペクション実例から典型的な事例をご紹介します。

写真14はリノベーション済み中古戸建ての床下です。古い水道配管が新しい配管に交換されていましたが、通水試験を行ったところ、水漏れしていました。原因は単純に接続部の締め忘れでした。買い主に見せる前に事業者側があらかじめチェックしておけばわかっていたはずですが、時間がとれず試験を行っていなかったそうです。

こうしたわずかな水漏れは発見が遅れがちで、気づいたときには床下が水浸しになるだけでなく、木部土台にカビやシロアリ、腐食などの症状が出やすくなります。こうした事態を防ぐためには、引き渡し前に買い主がひと通りのチェックを行うことが大切です。

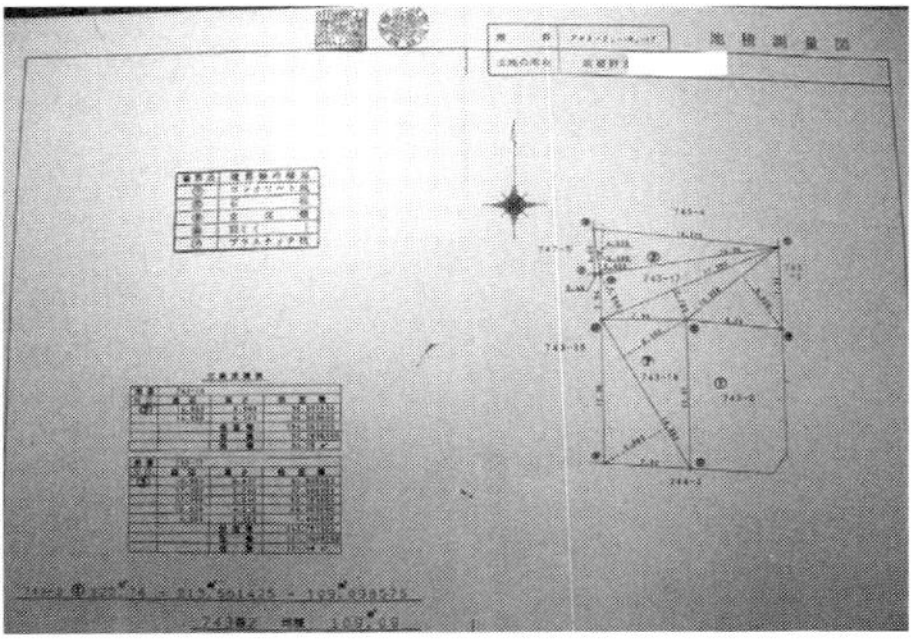

写真15　法務局で取得できる地積測量図

建物以外のチェックポイント

さくら事務所に寄せられた相談事例の中から、中古住宅の注意点をいくつか挙げてみます。まず「土地面積」の勘違いについて。

写真15は、法務局で取ることができる「地積測量図」の例です。地積測量図に書かれている土地面積を鵜呑みにすると、「最悪は更地で売れるな」といった算段が狂ってしまいます。

なぜならこの土地は「残地《ざんち》」だからです。残地とは「まとまった土地を測量したうちの残りの土地」のこと

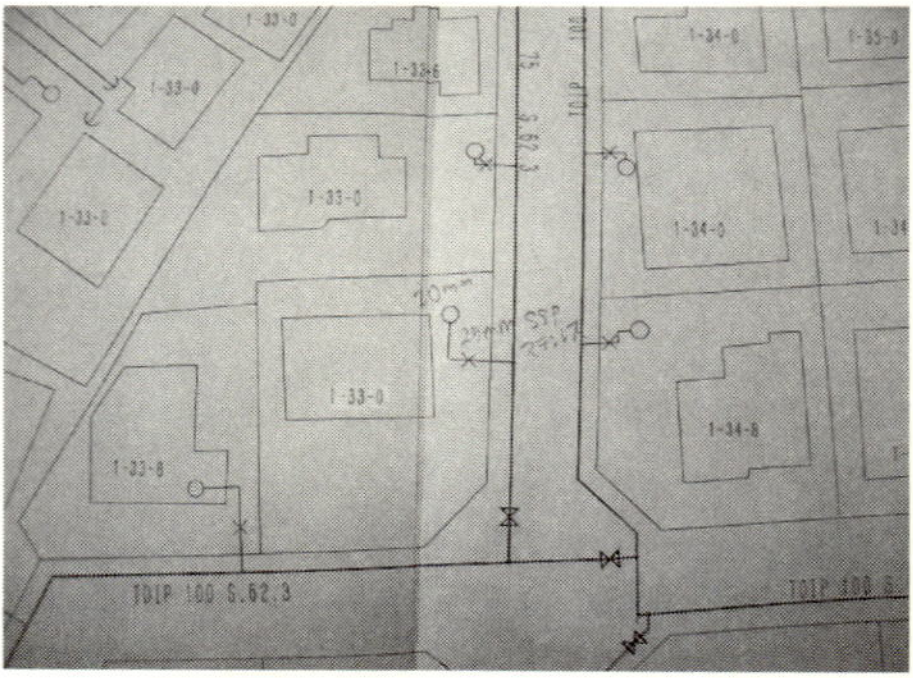

写真16　水道台帳図

で、実際には測量をしていません。

かつての測量にはいいかげんなものがあり、かなりの誤差が出るケースがあります。地積測量図には32・99坪と書かれていたこの土地を実際に測量してみると、28・73坪しかなく、4・26坪減ってしまいました。比較的地価の高いところでは結構な損失となります。

こうした事態を防ぐためには、登記簿上の面積に基づく「公簿売買」ではなく、土地の売買価格を平方メートル単価（または坪単価）で決めておき、売買価格は測量後に確定させる「実測売買」によって契約することです。測量費は売り主・買い主どちらの負担でも構いません。そうでなければ、こうした事態が起こり得ることを覚悟して買うかです。

次に水道配管です。役所や水道局など管轄官庁にいくと、写真16のような「水道台帳図」

を閲覧できます。

まず確認するのは「配管の口径」です。古い物件だと口径13ミリが主流ですが、昨今では20ミリ以上が常識です。13ミリでは浴室とキッチンを同時に使用した場合、水の出が悪くなるサイズであることを理解しておいてください。

「配管の材質」も重要です。古いものは金属系が多くなっています。金属は錆びますので、いつかは赤水が出る可能性を考慮してください。そもそも30年以上も経った配管は交換時期です。

写真17 2メートル以上の擁壁に注意

ボロ物件で最も問題なるのが、「上下水道配管の不具合」、つまり水漏れです。配管の漏水は箇所を特定するのが難しく、時間もコストもかかりやすくなります。隠れていて見えないだけにやっかいです。さくら事務所に対し大家さんから最も相談が多いのがこれです。配管の交換コストは数十万かかります。敷地から遠いところに配管が埋まっていたりする場合や、国道沿いなどの場合はもっとかかります。私道であれば工事の前に所有者の許可が必要です。

さらに写真17のような「擁壁《ようへき》」も要注意です。

2メートル以上の擁壁は工作物の扱いになり、建て替えの際には擁壁部分も含め、改めて建築確認が必要になります。造り替えが必要な場合は、基本構造をRCで指定されることが多く、古い住宅地などでよく使われている大谷石、間知石などの擁壁を建て替えるには、すべてを壊してやり直すことも視野に入れる必要があります。もちろん結構なコストになります。2メートルを超える既存の擁壁は行政に確認してみましょう。建築系か都市計画系の窓口に行くと、当時の「開発登録簿」を見せてもらえます。

価格交渉の仕方

不動産の価格には当然、相場があります。相場は過去の取引事例やその時々の市況トレンドなどを織り込みながら変動します。しかし、日々大量の売買が行われる株式や債券と異なる点は、不動産は同じものが二つとないうえ、売り主と買い主の相対取引であるため、必ずしも理論上の相場価格通りに成約するわけではないところです。

言うまでもなく、不動産の価格は「需要と供給」の兼ね合いで決まります。新築でも中古でも、引き合い（需要）が強く、値引きしなくても売れるものは、そのままの価格で流通します。中にはあまりに引き合いが多く、売り値よりさらに高い価格を買い主が提示して成約することもあります。相場より安いとか、希少性があるなど、ケース・バイ・ケースでさまざまな理由があります。

一方、値引きをしないと売れない物件、つまり需要のない物件は、買ってくれる人が現れる水準まで値下げをすることになります。値下げができない、もしくはしない場合は、市場に放置されることになるばかりか、悪い意味での「比較物件」として取り扱われます。売れ残り物件が存在することによって、本命の物件が相対的により良いものであることを際立たせる役目の物件です。

不動産会社などが分譲する新築住宅の場合には、少々事情が異なります。その会社が決算期を迎えている場合などは、契約や引き渡しを決算に間に合わせたいなどの理由で早期に売却しようとします。利益の減少を覚悟で値引き販売をすることもあります。

また、例えば景気が悪化し株式市場が不調に陥り、住宅の売れ行きが極端に落ちた場合など、在庫を抱える体力のない会社が、大幅に値引きをして手放すケースがあります。1990年代後半、消費増税に山一ショックなどが重なった当時は、新築マンションや一戸建てで500万円引き、1000万円引きといった事例があちこちに見られましたし、リーマン・ショック後にも同様のことが起きていました。

個人が売り主の場合は、まさにケース・バイ・ケースです。3000万円の中古住宅が10件売りに出されている場合、それぞれの売り主の事情や思惑は千差万別です。ある売り主は「特に売り急いでいるわけではないから、1円も引かない」と考えているかもしれません。またある売り主は「1カ月で売れなかったら価格を下げよう」と考えているかもしれません。「とりあえず3000万円で売りに出しているが、ある程度の値引き交渉には応じよう」と考えている売り主もいるでしょう。

もしくは、先に住み替え先のマンションを契約してしまい、今月中に売れなかったら業者に買い取り価格で買われてしまうかもしれないといった事情を抱えているかもしれません。この場合、不動産業者の買い取り価格は、一般的に相場の60~70%程度であるため、それより高く売れるならいいと考えているはずです。

販売価格、売りに出されている価格は、あくまでも「売り主のオファー（提示）価格」に過ぎません。これに対して買い主は「買い付け証明書」「購入申込書」などの書面を提示し、「いくらで買いたい」と意思表示をした段階から初めて、双方の提示額が同じ土俵に乗り、交渉が始まるのだと考えましょう。

こうした書面の提示は購入の意思表示であり、安易に出すものではありませんが、そこで初めて値引きの可否や売り主の要望などがわかります。

申し込みと契約は別物

物件を気に入ったらまず、「購入申し込み」を行います。ところが、この「申し込み」の段階では、売り主、買い主の双方に何ら法的義務が発生しないことは、意外と知られていません。

不動産売買でいう「申し込み」とは、いわば「契約の予約あるいは準備」のような過程です。申し込みの後、不動産売買契約書に署名・押印して手付金を支払った時点で、初めて契約の効力が発生し、売り主・買い主双方に法的義務や権利が発生します。

つまり、その前段階である「申し込み」においては、たとえキャンセルしても何らペナルティは発生しません。確かに民法では「契約は口頭でも成立する」とされているのですが、過去の判例においても申込書に記名・押印して申込金を預けた段階で契約とみなされたことはありませんでした。

つまり申し込みの後、「契約をやめました」も可能です。もちろん、道義上の責任は残りますから、安易に申し込みをするのは考えものです。その物件を気に入り、特段の問題がなければ契約しようという意思が固まった段階で、申し込みを行うべきでしょう。

民法は司法の基本法です。しかし、不動産売買に精通した宅建業者と一般消費者に民法を適用していては、情報の非対称性などから一般消費者にとって不利な状況が生まれることが想定できます。

そこで宅地建物取引業法（以下、宅建業法）では、不動産業者に対して信義誠実を求め、一般消費者が思わぬトラブルにまきこまれないよう、民法よりも詳細な規定を設けています。宅建業法に定められていない事柄は民法が適用となりますが、民法と重複する場合は宅建業法が優先されます。

申し込み時には「申込書」「買い付け証明書」などの書類に署名・押印し、「申込金」とよばれる数万～10万円程度のお金を預けるのが一般的です。この申込金は、もし何らかの理由で契約に至らなかった場合には、必ず返金されます。

まれに「契約をしないなら申込金は返金できません」という業者もいて驚かされますが、契約前の申込金はあくまで「預かり金」の性格のお金です。何の問題もなく、当然に返金してもらえます。

また、しばしば「〝仮契約〟をしましょう」といった、あいまいな言い方として、実は正式な売買契約を締結させる不可解なケースもあるようです。不動産売買には「仮契約」などという概念は存在しません。このような際には、「それは〝申し込み〟ですか？ それとも正式な〝契約〟ですか？」と確認しましょう。

ベストな手付金額とは

不動産売買契約では、一般的に「手付金」を契約時に支払い、残りを引き渡しに「残金」として支払うのが通例です。引き渡しまでに「中間金」を設けることもあります。

物件引き渡し前に渡す手付金は、購入者側から見れば少ないに越したことはないでしょう。未完成物件の場合には、図面通りに造られないリスクや、途中で業者が倒産してしまうリスクがあるからです。完成物件や中古物件の場合も、約束通りの状態や期日に引き渡されないリスクなどが考えられるでしょう。

一般の個人など、業者以外が売り主の場合は、基本的に手付金額は少なければ少ないほど望ましいです。とはいえ賃貸借契約とは違いますから、数万円や数十万円というわけにはいかないでしょう。ちなみに一般的な不動産取引の慣行では、手付金額は売買価格の5～10％程度です。

一方で、宅建業者が売り主となっているケースでは、一定程度の手付金を預ける場合には保護される決まりがあります。未完成物件なら売買価格の5％超、完成物件なら10％超の手付金を業者が受け取る場合には、その手付けを銀行や保険会社などの第三者へ預けるなど、「保全措置」を講じなければならないことになっています。

手付金の保全措置が講じられていれば、手付金は引き渡しまで業者の手に渡らず、不測の事態が起きても安全です。よって、例えば3000万円の物件を契約するときのベストな手付金額は、売り主が宅建業者であれば、「未完成物件なら150万円＋1円」「完成物件なら300万円＋1円」ということになります。マイホームという大きな買い物の際にはトラブルや心配を抱えることなく進めていきたいものです。不動産取引に必要な基礎知識をしっかり身につけておきましょう。

横行する悪質リフォーム業者

「キャンペーン中なので無料点検をさせていただきます」。横浜市に住むAさんは、リフォーム業者による突然の訪問セールスに戸惑いながらも「無料なら」と、一戸建ての自宅の無料点検を受け入れました。

リフォーム業者は床下などをひと通り点検した後、「大変です。このままでは地震が来たら建物は崩れてしまいます！」とAさんに告げました。それを聞いてあわてたAさんは、「今なら格安で耐震補強ができます」とのセールストークに乗り、そのまま工事契約をしてしまったそうです。

後で調べたところ、全く必要のない耐震器具があちこちに取り付けられていました。工事はまったく無駄だったことがわかり、Aさんはがっかりしました。

長年住んだ自宅マンションの全面的なリフォームを検討していたBさんは、複数の業者から見積もりを取り、価格が圧倒的に安いX社にリフォームを依頼しました。ところが、工事が始まってみると、「おかしい」と思うことが次々と起こりました。

実際に行われたリフォームは、Bさんが思い描いていたものと大きく違っていました。例えば、見積書に「室内一式」と書いてあったことから、Bさんは室内がすべて新しくなるものと思っていました。ところが、床と壁と天井はきれいになったものの、扉などの建具や建具枠はそのままでした。

この時点になってようやく、格安に見えたリフォーム業者の見積もりは、あまりに大雑把であったことに気づきます。

他社の見積もりとよく見比べてみると、他社の見積もりの細かさに比べて、契約したX社の見積もりはすべて「一式」との記載しかありませんでした。どこからどこまでがリフォームの範囲なのか、はっきり明示されていなかったのです。

また、設備機器などの品番も書かれていなかったため、どんなグレードの設備や機器が設置されるのかも不明でした。

消費者庁は、不要不急の住宅リフォーム工事の訪問販売が多く発生しているとして、「突然の訪問に注意」「安価な金額でもすぐ契約しない」「『近所で工事をやっている』と言われても安心しない」「必ず複数社から見積もりをとること」「契約後８日間以内ならクーリングオフが可能」といった注意点や対処法を呼びかけています。

とはいえ、一見好青年風のセールスマンがやってきたり、最初は少額工事で安心させておいて、後から次々と工事を提案したりするなど、手口は巧妙化しています。最近は営業マンや上司風の人が次々とやってきては工事を勧める「劇場型」も登場しているようですので、気を抜けません。

リフォーム業者の見分け方

自宅をリフォームするなら、きちんとした業者に頼みたいというのは、だれもが願うことです。では、良い業者とそうでない業者の見分け方とはどういったものでしょうか。ここでは、マンションの場合のチェックポイントを４つ挙げてみます。

①「一式」に要注意

工事内容に関し「一式」とだけ書かれている見積書は意外と多いもの。それが、「解体工事」「クリーニング」「残材処分」「現場管理」のような、本体工事ではない項目なら、問題ありません。しかし「造作工事」や「電気・水道工事」「内装・塗装工事」のような本体工事について、「一式」とだけしか書かれていない場合は要注意です。

特に、リフォームしたい箇所だけを聞いて、「それは〇〇万円でできます」などと話す業者には注意が必要です。「水回り一式30万円」などのパック料金型も同様です。

竣工図を見ない見積もりは、金額が大雑把になりがちです。床や壁を解体したときに骨組みの状態や内部の傷み具合が不明で、別途工事が必要になったり、想定外に工期が延びたりしたときのために、一定程度の額を上乗せして見積もりを算出することがあるからです。

見積もりが安くても、業者が工事開始後に採算がとれないことに気づくケースもあります。その時点で料金を上げるわけにもいかず、気づかないところで手を抜くといったことになりがちです。

②契約から完成まで、必要な書類を用意してくれること

契約前、工事中、契約（完成）後、段階に応じて必要書類があります。契約前には、金額の大小にかかわらず、必ず「請負契約書」を取り交わしましょう。

同時に、お互いの約束事を書面に記した「請負契約約款」もそろえておく必要がありま す。いずれも基本的には業者が用意するものですが、発注者もよく内容を確認しなければなりません。「約款」については、クーリングオフについて定めてあるものがベストです。

工事中に必要になるのは「工事内容変更合意書」です。当初の仕様や金額などの契約内容が途中で変更になったら、必ず取り交わします。

最後に「工事完了確認書」。リフォーム後のアフターサービスがある場合には、この書類に記載された日付が開始日となります。これらの書類は最低限必要なものですが、大切なのは、それぞれが適切なタイミングで用意されることです。

③打ち合わせ内容を記録しよう

リフォームの際にありがちな「言った、言わない」のトラブルを避けるには、業者との打

ち合わせの内容を記録しておくことをお勧めします。

打ち合わせで決まったことをメモしておくとともに、工事前の状態、工事計画を記した図やスケッチなどを残しておけば、後で確認するときに便利です。業者によっては、専用の「打ち合わせシート」を用意してくれるところもありますので、打ち合わせの前に聞いてみてはいかがでしょうか。

簡単な工事ならまだしも、一定規模以上のリフォームや修復の場合、希望する内容の工事ができるかどうかは、建物が最初にできたときの状態を記した「竣工図書」を確認しなければわからず、まともな見積もりは出せないはずです。

④管理規約を閲覧する

マンションの管理規約には、例えば、音にまつわるトラブルを防ぐために、使用できるフローリングの等級が規定されていたり、工事を実施する前に管理組合に対して行う必要がある手続きやリフォームが可能な曜日などが定められていたりします。

工事可能なリフォームの範囲や工程を割り出すには、管理規約の確認が不可欠です。仮に管理規約を業者に預ける場合には「預り証」を交付してもらいましょう。

国民生活センターに寄せられた相談の中には、高齢の親がリフォームの契約をしたのに対し、息子や娘が不審に思い、不要な工事が発覚したケースがありました。こうならないためにも、離れた実家に住む親とは日ごろからよくコミュニケーションをとっておくことが大切です。

競合物件と比べてみよう

自宅を早く高く売るためには、まず何をすればいいでしょうか。

あなたがこれから売り出す中古住宅が、仮に駅徒歩15分、4LDK、築18年で、3000万円が希望価格だとしましょう。3000万円前後で、他に売りに出ている周辺物件にはどんなものがあるでしょうか。同じ駅で似た条件の物件を、まずはピックアップしてみましょう。もし同じ駅になければ、周辺駅で同様の物件がないか探してみます。

なぜこんなことをするのか。実はこの作業は、あなたの住宅を買ってくれるかもしれない潜在購入者の動きと重なります。あなたの住宅を購入候補にしている人が、他にどんな物件を検討しているのか、つまり競合を把握するのです。

物件のピックアップができたら、それらを見に行ってみましょう。その際には「駅までの距離と道のりの安全性や快適性」「建物の見栄え」「日照や通風」「周辺嫌悪施設の有無」「間取りの使いやすさ」など、あなたの物件より優れているところ、劣っているところを比較してみましょう。

すると、おのずと自分の物件の良いところ、悪いところが浮かび上がってくるはずです。同価格帯の物件と比べて有利な点が多いなら、もう少し高くても売れるかもしれません。逆に不利な点が多い場合は、価格付けが高い可能性が考えられます。

築18年程度というのは、外壁や屋根の耐久性を考慮すれば、すでに修繕を行うタイミングです。過去に一度も屋根や外壁などの修繕をしていない場合は、それなりに劣化した見栄えになっていることでしょう。もし、競合物件が外装のリフォームを終えているのならば、明らかに見劣りがするはずです。

総床面積30坪程度（約100平方メートル）の住宅の屋根・外壁などを一通り修繕する場合、120万円から150万円程度のコストがかかります。外壁の修繕作業をする際には建物周辺に足場を組むので、ついでに屋根にも手を入れたほうが結果的に割安に済みますから、外壁と屋根の工事は同時に行うのがよいでしょう。

売却前にこうしたコストをかけたなら、少なくともコスト分以上に高く、また早く売れると考えてよいでしょう。これは私がかつて不動産の営業をしていた頃の経験から実証済みです。

人の意識はたぶんに「第一印象」「見た目」に左右されます。住宅も「見た目」が大事なのです。住宅の購入動機には駅までの距離など多様な諸条件がありますが、それらはあくまで理屈であり、まずは「なんとなく気に入った」といった直感が一番で、諸条件はその上で検討されるものです。

先に触れた通り、不動産業界には中古一戸建てや中古マンションを買い取り、リフォームやリノベーションを施したうえで一定の利益を乗せて再販売する、いわゆる「買い取り再販」というビジネスモデルがあります。

例えば市場価格３０００万円の物件を70％程度の２０００万円で買い取り、５００万円のリフォーム費をかけたうえで経費・利益を乗せ、３２００万円で再販売するというイメージです。

中古住宅市場で売りに出されている物件はほとんどが個人の所有ですが、早く高く売ることを志向して、リフォームなどを施すようなケースはほとんどみられません。投資対効果が不明なためです。だからこそリフォーム済み物件は早く高く売れます。買い取り再販事業は、多くの個人が早く高く売る工夫をしていないがため、成立している業態とみることもできます。

欧米では自宅を売りに出す前に、屋根や壁を自分でリフォームするのはもちろん、水回り設備の交換なども自分ですることが多いようです。例えばキッチンを交換するのも、リフォーム業者に依頼するのは全体の3割程度にすぎず、7割は自分で工事をするそうです。

自宅を飾って、高く売る

新築マンションの販売現場では、きれいに飾られた豪華なモデルルームやCG映像などを用意し、来場者に対してビジュアルに訴求することで販売促進につなげるのが一般的です。一方で、中古住宅となるとこうしたケースはあまりありません。ましてや売り主が居住している売却物件の場合、多少の整理整頓は行われているものの、居住者の実生活をそのまま見せるような状態になっているのが一般的です。

米国では、自宅をより早く、高く売るため、インテリア専門のコーディネーターを雇います。自宅に合うカーテンやテーブルクロスから、テーブルやソファに至るまで、自宅が売却できるまでの一定期間、レンタルしてくれます。自宅の見栄えをよくして、少しでも早く高く売ろうという狙いです。

米国にはこのようなサービスを行う「ホームステージング」の会社が無数に存在します。ターゲットとなる想定購入者の趣味や嗜好を推察し、必要に応じて絵やプリザーブドフラワーなども、アクセントとして用います（写真18－1、2）。

大量の荷物があったり生活感が出てしまう物品などは、ガレージやレンタル倉庫に収納してから売却活動を開始します。ホームステージングにかかる費用は、ケース・バイ・ケースですが、数万円から数十万円です。より早く高く売れるのならば必要な出費と考えられています。

米国の不動産エージェントの中には、売り主がホームステージングをしない物件は担当しないという人もいるくらいです。米国ではほとんどすべての売り出し物件がこうしたホームステージングで彩られているため、やらなければ見劣りしてしまいます。こうした慣習は中古住宅同士のみならず、新築物件に対しても見劣りしない競争力を持つことになります。

写真18−1　中古住宅をきれいにホームステージング

写真18−2　居住中でもモデルルームのように飾る

日本では居住中の物件を見学する場合、売り主に遠慮してしまい、クローゼットや押し入れは気軽に開けづらいと思います。しかし、米国ではオープンルームの来場者がクローゼットを開けるのは当たり前です。ですからあらかじめ見られてもかまわない衣類などを整理整頓して掛けておき、それ以外のものは見えない所に収納しておきます。

日本においても、空き家か居住中かにかかわらず、自宅を売りに出す際にはこうしたホームステージングを行うことを強くお勧めします。ホームステージングを行うことで、来場者はその家での生活を容易にイメージできます。人はその物件の印象が、果たして演出によるものなのか、物件そのものによるのか判別できないと思います。

日本でも、ホームステージングを提供する会社やホームステージングを付加価値として提供する不動産仲介会社が出始めました。こうした会社に依頼しない場合でも、自宅を売り出す際には室内外を演出する工夫をするといいでしょう。現在はほとんどの売り物件でこうした配慮は行われていないため、効果てきめんなはずです。

あなたの物件情報は隠蔽されていないか

あなたが所有している不動産の売却情報が、宅地建物取引業者（以下、宅建業者）によって囲い込まれ、その情報が市場に行き渡っていないとしたら、どう思いますか。もちろんこのようなことは、依頼者に対する背信行為ですし、契約違反です。しかし今も多くの物件情報が隠蔽されています。

宅建業者が不動産所有者から売却依頼を受けた場合、レインズに不動産情報が登録されます。レインズは序章、第3章でも触れたように、国土交通大臣指定の東日本不動産流通機構が運営する業者間のコンピュータ・ネットワークシステムです。不動産の売買・賃貸物件情報や成約価格情報が登録されています。

不動産を売却するための契約には、①1社のみに売却を依頼する「専属専任媒介」「専任媒介」、②複数社に依頼する「一般媒介」がありますが、①の場合、依頼先は1社であっても、レインズに不動産情報を登録するため、情報が宅建業者に、またその先にいる購入希望者に広く知れ渡ることになります。

宅建業者は、購入希望者から物件情報の提供依頼を受けると、このネットワークから物件を検索し、情報提供を行います。つまり売却物件情報は原則、すべての宅建業者が共有していることになっています。契約書には当然、広く不動産情報を行き渡らせる旨の文言が記載されています。

しかし、実態は異なります。売却不動産情報をレインズに登録しない、登録証明書をとったらすぐに情報を削除する、登録はしているものの「契約交渉中である」と偽り、情報を隠蔽するなどの行為が横行しています。

その理由は「より多くの仲介手数料が欲しいから」です。レインズのシステムを利用できるのは宅建業者だけで、一般には公開されていません。

不動産売買契約を成立させた宅建業者は、3％＋6万円（税別）を上限とした不動産仲介手数料を、売り主・買い主からそれぞれ受け取ることができます。売却依頼を受けた仲介業者は、売り主からの3％＋6万円の仲介手数料は半ば確保したようなものですが、もしこの仲介業者が買い主も見つけたら、買い主からも3％＋6万円の仲介手数料が得られ、報酬は2倍に膨れ上がります。

例えば物件価格5000万円の不動産なら、売り主担当業者として受け取れる仲介手数料は156万円ですが、買い主からも手数料を得られれば総額は2倍の312万円となります（図表26）。

自己の利益のために情報を隠蔽、結果として円滑な不動産流通を阻害し、売り主・買い主の利益を毀損するこうした実態について、某メディアが2015年に暴露しました。業界団体はまもなく、こうした事態の撲滅に努めると表明しましたが、現場の実態はあまり変わっていません。

図表26　「両手」と「片手」

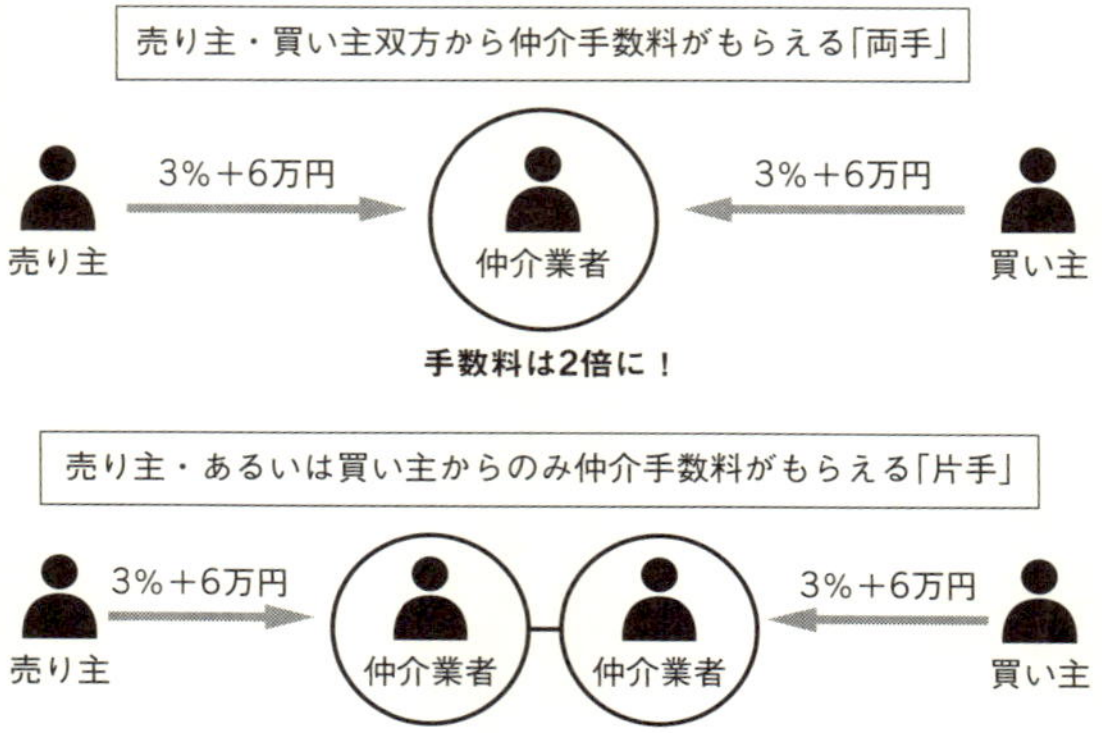

コンプライアンス（法令遵守）が順守されている可能性が高い、誰もが知る大手企業なら大丈夫かといえば、そんなことはありません。とある大手宅建業者では「物件情報の隠蔽をしてはいけない」といった内規はあるものの、形骸化し、現場では守られていません。この「物件情報囲い込み」は、あくまで社内で行われるため、決定的な証拠をつかみにくく、なかなか顕在化しません。

売りに出していることを周囲に知られたくないといった理由から、「大々的に告知せずに、静かに売ってほしい」といった顧客の要望もありますが、そうしたケースは稀です。不動産を早く高く売るには、広く情報が行き渡っているにしたことはありません。

　不動産流通を阻害する、そして依頼人の利益を損なう可能性が高いこのような行為に巻き込まれないためには、どうしたらよいでしょうか。

　まずは率直に、不動産情報の囲い込みをしていないかどうか、聞いてみることです。これであなたが賢い顧客であることを理解させることができます。それだけで不動産情報の囲い込みはやりにくくなるはずです。

第7章

空き家対策の基本は「直ちに売却」

全国で急増する空き家

「空き家を抱えているが、どう処分したらよいのか」「実家が将来空き家になったら、どうすればいいか」

筆者のもとには空き家の対応について連日多数の相談が寄せられています。「空き家問題」は今や大きな社会的課題なのだなと、改めて認識させられています。

ここまで述べてきた通り、これから本格的な人口減少が到来する日本で、空き家が大幅に増加し続けるのは避けられません。

第1章で触れたように、全国の空き家は2013年時点で820万戸、空き家率は13・5%と過去最高を更新しました。次回調査の18年には空き家が1078万戸、23年には1404万戸と、ものすごいペースで増加するという予測があります。

15年5月には「空家等対策の推進に関する特別措置法（空き家対策法）」が全面施行されました。この結果、空き家を放置しておくと所有者責任を問われる可能性が出てきました。ひとたび「特定空き家」に認定されたら大変です。固定資産税は6倍に跳ね上がります。

屋根や外壁が落ちる、害虫や犯罪の温床になるなどして周囲に迷惑が及ぶだけでなく、歩行者にケガをさせるなどの懸念もあります。建物というものは放置すればするほど傷みます。6カ月も放置された建物は、換気が不十分なことなどから、そのままでは住めないほど劣化してしまいます。あまりに劣化が激しくなると、「売る」「貸す」といった対応もできなくなります。

実家を相続した後、いざ処分しようと思ってもできない事態は避けたいものです。自治体に寄付する方法もあるにはありますが、自治体側には受け入れの義務はないうえ、さまざまな要件があって実現は容易ではありません。

お隣さんや企業などに寄付するといった手もありますが、確実にできることではありませんし、贈与税がかかることもあります。要は寄付先にとって利用価値がある、換金できるなどのメリットがないと、寄付は成立しません。

空き家になった不動産を引き取らない「相続放棄」といった方法も考えられますが、相続放棄をする場合は、空き家を含むすべての財産を同時に放棄しなければなりません。すべて相続するかすべて放棄するかのどちらかです。

相続放棄申請は、被相続人の死亡を知ってから3カ月以内に行う必要があります。期間内に決められない場合は、期間延長の申し立てが必要です。相続放棄ができた場合でも、民法の規定により行政の受け入れ準備ができるまでは、相変わらず管理責任は生じます。またその期限には特段の定めがないことにも注意が必要です。

すぐに売るべき「空き家」とは

これまでに紹介してきたデータから言えることは、将来の人口動態が厳しいエリアにある空き家ほど、「売るべき」ということです。しかも「早急に」です。

理由は簡単で、「今が最も高く売れる可能性が高い」からです。売り時を待っていても、よほど立地の良いところでない限り、価値が上昇する見込みは限りなく小さいでしょう。

さらに、こうしたエリアでは「貸す」の意味も限定的になりがちです。時間の経過とともに周囲には競合する空き家が増え、価値は下がる一方の状況で、一定の投資を行いながら賃貸に出し、収益を得ようとしても、どのくらい見返りがあるでしょうか。計算してみれば、大半のケースで「合理性なし」と判断できるはずです。

売らずに「貸す」場合には、まず受け取れる賃料と管理費などの経費、リフォーム額などを割り出し、どの程度の収益性があるかを検討しましょう。賃貸するために投資した額を回収するのに数十年も要するようでは、貸す意味はほとんどありません。

一方で、人口動態に恵まれているエリアなら、将来にわたっても「売買」「賃貸」ともに一定のニーズが見込めそうです。それでも、自身や親族が将来使う予定がない空き家ならば、原則「売り」でいいでしょう。

なぜなら前述の通り、空き家を空き家のまま放置しておくと、建物はどんどん傷んでいく一方だからです。また、雨漏りや水漏れが発生しても見つかりにくくなります。いざ管理をしようと思っても、非常に手間がかかります。定期的な換気やポスト周りを始めとする清掃など、空き家管理サービスを利用することも可能ですが、お金がかかります。放火や不法侵入といった犯罪の温床になる恐れもあります。

不動産の価値を決めるのは、該当エリアの居住ニーズです。全国規模で少子・高齢化、人口減少が進む今、ただ「売り出せば売れる」「貸し出せば借り手がつく」といった時代ではありません。空き家の「売る」「貸す」を判断する際は、沿線の動向や自治体の動向を知り、エリアの人口動態をよく見極めながら検討してみてください。

「家族の思い出がある」から空き家放置？

空き家が放置される原因の中には「実家や親の思い出が残っているため、処分するのは気が引ける」といったケースも多いのですが、そうやって躊躇していればいるほど、建物は市場性を失っていきます。

親が介護施設に入って、実家が事実上の空き家になっている場合、判断は難しいでしょう。親自身の決断が必要ですが、筆者の経験では、この段階で実家を処分する例は20～30％程度です。市場性があるうちに処分・換金することは、今後の介護費用のことなども考えれば賢明ですが、親がまた元気になって戻るという希望が失われる懸念もあります。

こうした状況の中で、すでに空き家を抱えている方、あるいはこれから空き家を所有することになる方はどう考え、どう行動したらよいのでしょうか。

ベストの選択肢は、相続が始まったら具体的にどうするかを、事前に親と子で話し合っておくことです。こうした話を相続を受ける子供の側から持ち掛けるのは、どうにも難しいところですが、「最近は空き家が問題になっているようだ」といった一般論から入りつつ、実家の将来について話し合っておきたいものです。

例えば「建物の点検」。雨漏りや水漏れなど、異常はないでしょうか。これらを放置しておくと、売る際には非常に不利になります。こうした事象はなるべく早期発見、必要な修繕をしておくのが望ましいです。建物の専門家などに点検を依頼するのも一つの手です。

次に「土地境界の確定」。不動産を売る際、寄付する際などには原則として土地境界の確定が必要です。相続人が何人もいる中で境界の確定のために立ち会いを行う、書類を作成するなどの手間はできれば省いておきましょう。土地の境界がはっきりしていない場合には、お近くの土地家屋調査士会などに相談してみましょう。

「相続財産の棚卸し」もとても重要です。遺言を残すなど事前の取り決めがなかった場合、相続人同士の話し合いで何をどう相続するかが決まります、その際基準となるのが、「法定相続分」です。相続人が複数いて不動産持ち分が共有になると、後の処分に支障が出る可能性もあります。まずは資産・財産の棚卸しをして、相続に詳しい不動産の専門家に相談しつつ、必要があれば遺言を残すなど、後の相続や財産の処分がスムーズに進むようにしておくことが求められます。

最後に、このような対策を経て、空き家を相続した場合、その後の選択肢についてまとめてみます。

［選択肢1］売却する

一番のお勧めは売却です。都心や都市部の一等立地以外、大半の地域は住宅価格の下落が予想されます。特に高度成長期に分譲されたベッドタウンなどは、住宅価格が年3％以上下落し続けるという予測もあります。特段利用する予定がなければ、できるだけ早期に売却するのが良いでしょう。ほとんどのケースで売値は「今」が一番高いはずです。

まずは不動産仲介業者に査定を依頼します。査定だけなら基本無料です。相場観をつかむためにも2、3社に依頼するのがよいでしょう。

この中で、ことさら査定価格が高い業者は省きます。なぜなら、査定価格を上げることで売却の依頼を受けようとする意図が見えるからです。不動産市場には相場があって、その相場価格より飛び抜けて高い価格で売れることは基本的にないと思ってください。残った業者のうち、「査定価格の根拠が明確に示されているか」「購入者のターゲット、販売の戦略は示されているか」などを参考に、売却依頼先を決定します。

売却依頼の契約にはおおまかに言って、1社だけに依頼する「専任媒介」と、複数社に依頼する「一般媒介」があります。原則としては専任媒介がよいでしょう。売り主からの仲介手数料を事実上約束してもらえることで、不動産仲介業者も積極的に動きやすくなります。専任媒介であっても、レインズに不動産情報を登録するため他社も物件を紹介し購入者を見つけることができます。

「駅から近い」「建物が比較的新しい」「価格競争力がある」など、いわゆる売れ筋物件の場合にはあえて一般媒介として、健全な競争を促すといったやり方もいいでしょう。

亡くなった親族が住んでいた家屋を相続した人が、16年4月1日から19年12月31日までの間に、家屋や取り壊し後の土地を譲渡した場合、譲渡益から3000万円を控除できる「空き家に係る譲渡所得の特別控除の特例」が創設されています。

「81年5月31日以前に建築のもの」「耐震性がない場合は、耐震リフォームをしたもの」などいくつかの要件がありますので、財務省のホームページなどで確認してください。

もちろん、いろいろな理由で空き家を処分できない事情があることはわかります。「荷物が残っている」「思い出が残っている」「相続でもめている」などなどです。しかし、そうした問題も含め、早めに解決したほうが経済的には得策であり、のちのち苦労することがなくなります。

［選択肢2］貸す

駅近マンションや、戸建てでも需給が逼迫している地域などで検討できる選択肢です。ただし、貸すとなると、多くのケースで一定の修繕・リフォームが必要になります。必要なリフォーム費用の見積もりを取り、コストの回収期間を計算してみましょう。

たとえば150万円のリフォーム投資をした場合、家賃8万円なら年間家賃収入96万円と、1年半程度で投資額を回収できる計算（賃貸管理料〈家賃の5％程度〉、マンションなら管理費や修繕積立金、固定資産税の支払いなどは含まず）になります。

そのうえで、賃貸に回すことがはたして割に合うのかを冷静に見極めたいところです。将来的には空室率や経年による家賃の下落、修繕費用の負担も織り込む必要があります。

国土交通省は、空き家に入居する高齢者、低額所得者、子育て世帯等に、最大で月４万円の家賃補助をし、受け入れる民間住宅には改修費として最大１００万円を配布する方針です。年間５万戸程度、２０２０年度末までに17万５０００戸の登録を目指しています。

国交省が空き家を使った新たな制度を設ける背景には、自治体が建てる公営住宅だけでは対応に限界があるからです。単身高齢者は今後10年で１００万人増加することが見込まれており、若年層世帯収入は１９９７年の４７４万円から４１６万円（２０１５年）と12％も減少しています。また１人親世帯の収入も伸び悩み、住宅確保要配慮者が今後も増加するという予測があります。

一方で公営住宅の応募倍率は全国平均で５・８倍、東京都は22・８倍と非常に狭き門です。「耐震性など最低限の居住環境を備える」「共同居住型住宅の場合の専有部分の最低面積基準の設定など安全性等を確保する」「住宅確保要配慮者の入居を拒まない」、「入居者が生活保護受給者である場合には、住宅扶助の代理納付の活用を促進する」などを条件に、公営住宅制度の整備が17年中に進められる予定です。

神奈川県横浜市は、空き家を活用して子育て世帯を支援する、ヨコハマ型家賃補助付賃貸住宅「戸建て子育てりぶいん」を開始しました。子育て世帯が安心して入居できるような居住環境を備えた住宅を公的賃貸住宅として供給するため、横浜市が認定し、毎月最大4万円の家賃補助を最長6年間行っています。

改良整備費の3分の2（最大140万円）が補助されます。満18歳未満の子がいる世帯または妊娠中の者がいる世帯であること、世帯月収額が21万408円以下であること、市内在住または在勤で持ち家がないこと、などが条件です。このような取り組みは今後も出て来るはずですから、空き家を管轄する自治体の動きに注目しましょう。

［選択肢3］空き家のまま管理する

現在予定はないが、将来は自分や親族が住むかもしれないといった場合の選択肢です。空き家の適切な管理には、建物や敷地内の見回り、ポスト周りの清掃、室内空気の入れ替えなどが定期的に必要になります。自身でできない場合は「空き家管理サービス」を利用する方法があります。月に1回の頻度で5000円から1万円程度が相場です。該当地域にこうしたサービスの提供事業者がいるかどうか調べてみましょう。

あいおいニッセイ同和損害保険（東京・渋谷区）と三井住友海上火災保険（東京・千代田区）は、17年2月から、空き家管理事業者を対象に「空家賠償責任保険」の販売を始めました。空き家管理事業者の業務遂行上の事故により負担する賠償責任のほか、所有者が空き家を原因とした事故により負担しなければならない賠償責任も対象になります。

保険料は一戸建てで賠償金支払限度額を5億円に設定した場合、年額8000円。共同住宅1戸で年額2050円など。支払限度額や免責金額は複数の契約パターンで簡単に設定できます。

［選択肢4］そこに住む

自身や親族がそこに住むパターンです。耐震診断や耐震改修、バリアフリーや省エネリフォームについて、多くの自治体が補助金や助成金を用意しているので、確認するとよいでしょう。こうした助成金制度や減税制度などに詳しいリフォーム会社を選ぶと、なお安心です。複数社から見積もりを取り、中身をよく見比べて下さい。その際のコツは「同条件で見積もりを取ること」「記載内容が大雑把でないこと」などです。住宅リフォーム推進協議会の「標準契約書式」と同レベルのものが望ましいでしょう。

いずれにしても大事なのは、空き家をどうするか、早めに意思決定することです。時間が経過するほど周囲にライバルの空き家は増える一方です。なんとなく意思決定を先延ばしにしたまま放置する、あるいは相続でもめて動けないというのが悪いパターンです。自身や家族・親族にとっての最適解を見つけてください。

さて、本書はどの程度あなたのお役に立ったでしょうか。

あなたと不動産との関係が、より幸せに結ばれますよう心よりお祈りしています。

本書を最後までお読み下さり、どうもありがとうございました。

長嶋 修　ながしま・おさむ

不動産コンサルタント。株式会社さくら事務所代表取締役会長。1967年生まれ。広告代理店、不動産デベロッパーの支店長・不動産売買業務を経験後、業界初の個人向け不動産コンサルティングを行う、さくら事務所を設立。著書に『「空き家」が蝕む日本』（ポプラ新書）『不動産投資 成功の実践法則50』（ソーテック社）『失敗しないマンション選び』（日本実業出版社）『住宅購入学入門——いま、何を買わないか』（講談社＋α新書）『住宅選びこれだけ心得帖』（日本経済新聞社）ほか。

日経プレミアシリーズ｜340

不《ふ》動《どう》産《さん》格《かく》差《さ》

二〇一七年五月十一日　一刷
二〇一七年六月　七　日　四刷

著者　長嶋 修
発行者　金子 豊
発行所　日本経済新聞出版社
http://www.nikkeibook.com/
東京都千代田区大手町一－三－七　〒一〇〇－八〇六六
電話（〇三）三二七〇－〇二五一（代）

装幀　ベターデイズ
組版　マーリンクレイン
印刷・製本　凸版印刷株式会社

ISBN 978-4-532-26340-9　Printed in Japan

日経プレミアシリーズ333

トランプ政権で日本経済はこうなる

熊谷亮丸・大和総研

誰も予想できなかったトランプ政権。ドル高・円安はいつまで続くのか？　米国の復活でアベノミクスの追い風となるのか？　それとも保護主義、地政学リスクの高まりから、世界を奈落に追い落とすのか？　日米駐在のトップエコノミストによる緊急書き下ろし。

日経プレミアシリーズ322

世界経済　まさかの時代

滝田洋一

Ｂｒｅｘｉｔ（英ＥＵ離脱）で再びくすぶる欧州銀行危機。なぜ今、尖閣諸島に中国漁船が押し寄せるのか？　黒田緩和とヘリコプターマネーの分かれ目。トランプの経済政策とアベノミクスの意外な類似点とは――？「まさかの事態」が次々と発生する世界を、日経編集委員が読み解く。好評の『世界経済大乱』第２弾。

日経プレミアシリーズ326

中東崩壊

日本経済新聞社　編

大量難民、テロ輸出、「イスラム国」台頭、宗教対立、「アラブの春」の挫折、格差拡大、民族紛争――。秩序が崩壊して混乱と内戦が続く中東。山積する問題はどうすれば解決できるのか？　現地に駐在する記者の視点で問題を徹底的に解きほぐし、課題をていねいに解説する。

日経プレミアシリーズ 298

資本主義がわかる本棚

水野和夫

文学、社会学、哲学、宗教、科学史……幅広いジャンルの本を読んでいくと、あるときふと、点と点がつながって、一つのテーマが浮かび、形になる。ブローデル『地中海』、シュミット『政治神学』からピケティ『21世紀の資本』まで、「資本主義の終焉」を唱える著者が、53冊の書評から、グローバル資本主義の命運を占う。

日経プレミアシリーズ 293

中国バブル崩壊

日本経済新聞社 編

急激な株価下落と異例の株価対策。人民元の切り下げに端を発した世界同時株安――中国政府の統制がきかず、経済がクラッシュする「悪夢」が現実のものとなったとき、世界は、日本はどうなるのか。国内と世界各地に駐在する市場・経済担当記者が総力を挙げて描き出す！

日経プレミアシリーズ 311

経理部は見ている。

楠木 新

会社の経費をすべて管理する経理部は、領収書や証票から社員をプロファイリングしている!? グズ、手抜き、酒飲み、インチキ……。人間性・人格の悪評が広がれば、会社人生は大きなダメージを受ける。では、経理部はお金を通して社員の何をどう「見ている」のか。豊富な事例を紹介しながら、組織人とお金の関係について深く考える。全会社員必読の一冊。

日経プレミアシリーズ　177

昆布と日本人

奥井　隆

明治維新で倒幕資金の源になった、山の養分で味が決まる、ヴィンテージの仕組みはワインと同じ……。知っているようで、意外に知らない「母なる海産物」の魅力・秘密の数々。創業140年を誇る昆布商の主人が歴史から、「うま味」の本質、おいしい食べ方まで、昆布の興味深い話をていねいに伝えます。

日経プレミアシリーズ　046

リンゴが教えてくれたこと

木村秋則

自然には何一つ無駄なものはない。私は自然が喜ぶようにお世話をしているだけです——。絶対不可能と言われたリンゴの無農薬・無肥料栽培を成功させ、一躍時の人になった農業家が、「奇跡のリンゴ」が実るまでの苦難、独自の自然観、コメや野菜への展開を語るとともに、農薬と肥料に依存する農のあり方に警鐘を鳴らす。

日経プレミアシリーズ　084

ほんとの野菜は緑が薄い

河名秀郎

有機マークが付いていれば農薬の心配はないのか、「無添加」表示があれば安全なのか。数ある情報の中からほんものを見分けるためには？　農薬も肥料も使わない「自然栽培野菜」の普及に携わり続けた著者が語る、食を取り巻く衝撃の事実。そして、自然の野菜に学ぶ真のナチュラルライフ、心地のいい暮らし方とは？